全民阅读阶梯文库

科普科幻卷 13 岁

主编 顾之川

植物不失眠

本册编者 吴庆芳 孟娜

领读者 聂震宁 高洪波 韩松

扫一扫，尽享本书
配套音频，感受听书乐趣！

上海交通大学出版社
SHANGHAI JIAO TONG UNIVERSITY PRESS

内容提要

"全民阅读·阶梯文库"丛书借鉴国外分级阅读理念,根据0～18岁不同年龄段读者的心智特点与认知水平编写,标识明确的年龄段,由易到难,循序渐进。按照体裁或内容划分单元,涵盖诗词曲赋、文史哲经、科普科幻等方向。

本书包括六个部分,分别是动物寻踪、自然探秘、时代脸谱、梦想飞翔、畅想未来和科幻之旅。选文题材广泛,语言严谨流畅,兼具科学性、思想性和趣味性。每篇文章设有"阅读点拨",每个单元后附有"我思我行",有利于读者加深阅读理解,拓展实践能力,提升阅读水平。

图书在版编目(CIP)数据

阶梯阅读.科普科幻卷.13岁:植物不失眠/吴庆芳,孟娜编.—上海:
上海交通大学出版社,2018
ISBN 978 - 7 - 313 - 18762 - 8

Ⅰ.①阶… Ⅱ.①吴…②孟… Ⅲ.①阅读课-初中-教学参考资料
Ⅳ.①G634.333

中国版本图书馆 CIP 数据核字(2017)第 329388 号

阶梯阅读科普科幻卷 13 岁·植物不失眠

编　　者:吴庆芳　孟　娜				
出版发行:上海交通大学出版社		地　　址:上海市番禺路 951 号		
邮政编码:200030		电　　话:021 - 64071208		
出 版 人:谈　毅				
印　　制:常熟市大宏印刷有限公司		经　　销:全国新华书店		
开　　本:880mm×1230mm　1/32		印　　张:5.375		
字　　数:112 千字				
版　　次:2018 年 1 月第 1 版		印　　次:2018 年 1 月第 1 次印刷		
书　　号:ISBN 978 - 7 - 313 - 18762 - 8/G				
定　　价:28.00 元				

全民阅读·阶梯文库

总主编

顾之川

领读者

聂震宁　高洪波　金　波　韩　松

编委会

聂震宁　高洪波　金　波　韩　松
顾之川　刘佩英　胡　晓　焦　艳
刘晓晔　吴庆芳　李国华　孟庆欣
杜德林　蒋红森

分册编者

马歆乐	陈敏倩	刘素芳	王 芳
袁 惠	张小娟	喻祖亮	沈 俊
张红梅	雷光梅	易灿华	丁连忠
孙文莲	李传方	孟 娜	郑祚军
阎义长	李 铭	苑子轩	盛 宏
祝世峰	朱俊峰	杜德林	宋亚科
杨 韧	张 锐	程玉玲	盛江伟
田丽维	李占良	尹 琦	何 萍
姜 丹	杨晓霞	许红兵	季龙刚
刘英传	高 虹	杨晓明	张宏强
范文涛	苗 锋	信旭东	孙 玉
宋 宇	刘卫民	杨 琼	

（以上排名不分先后）

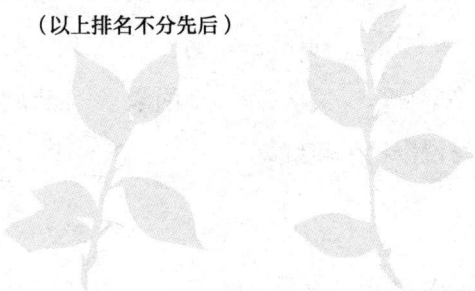

目 录

第一单元
动物探趣

　　本单元选编的一组科普文章围绕"动物世界"展开,向我们介绍了能藏善跑的野兔,具有"音乐天赋"的蟋蟀,"闪闪发光"的萤火虫,距今几千万年甚至上亿年的早已灭绝的恐龙……阅读这些文章,我们将为神奇的动物世界所吸引。了解这些动物的外形、习性,将唤起我们对动物世界生存状态的关注,激发我们关爱动物、保护动物的热情。

　　阅读时可在了解科普知识的基础上,深刻地体会作者的情感;体会科学小品文轻松活泼的写作风格;学会在生活中细心观察动物,增强保护野生动物的意识。

恐龙自述：
请人类朋友记取我们的死亡教训

胡玉梅

　　我是怎么死的？究竟是病死的，还是老死的，或是被我的敌人永川龙偷袭成功而死的？……这些都不重要，关键问题是，我们马门溪龙已经集体灭绝了！

　　因为骨骼和脖子的问题，在没有进入老年之前，我们马门溪龙大多数都会患骨质增生和"高血压"病。而且，我们这些吃素的恐龙，常常会遭到食肉恐龙永川龙的突然袭击。别看永川龙个头比我们小，但是它们身手敏捷，因此，常常乘我们不备来偷袭。我对这些家伙是特别防备的，这也是我走到哪里都拼命甩尾巴的原因。一旦遇到了永川龙，我就发挥"尾鞭"功，左右甩动尾巴把它们赶走。但也有同伴死在永川龙口下，永川龙的血盆大口绝非浪得虚名。

　　我是怎么死的？那是我在一次喝水的时候，一不小心失足掉进深渊里，就再也没能上来。而后火山喷发，席卷而来的火山灰把我的身体和灼热的熔岩融为一体，以至于1.4亿年后我被人类再次发现，是以化石的形态出现的。

我们家族是怎么灭绝的呢？事实上，我们恐龙的后代是鸟，你看到飞翔的鸟了吧？那是我们其中一种恐龙演变的。

至于我们是怎么灭绝的，现在人类的说法很多。有的说是地球上突然变得十分寒冷，我们又没有冬眠的习惯，不能像蛇和乌龟那样借冬眠来躲避寒冷，因为耐不住寒冷，我们就慢慢死去了，消失了。还有的说，宇

马门溪龙骨架

宙行星撞上了地球，尘埃把太阳遮住了，地球上一片黑暗。因为没有阳光照射，植物大量枯萎死亡，那些以植物为食物的恐龙和其他动物就渐渐地死去了。随着动物的减少，食肉的恐龙找不到足够的食物，也渐渐地灭绝了。还有其他种种说法。比如，地球上的哺乳动物越来越多，它们经常偷吃恐龙蛋，使恐龙渐渐灭绝了；突然流行的传染病，使恐龙蛋只能孵出雄性的小恐龙……

大家多少都说到了问题的一点，有一点我可以肯定地告诉大家：我们的消失和环境恶化分不开。北京自然博物馆的副研究员张玉光通过研究发现，我们的骨头里放射性元素铀的含量非常高，骨骼内所含砷（砒霜）、铀、铬等有毒元素的比

率也超高,而可以解毒的元素锌的含量则太低。要知道,我们身体内的大量毒素不断堆积,无法排解,只好等死……

恶劣的环境,让我们马门溪龙就这么集体消失了,这对你们人类是一个警告。我听说,最近又发生了什么漏油事件、污染事件。唉! 如果你们人类不珍惜环境,也许有一天也会变成化石。那时候,人类的化石也会被展览在商场的大厅里,供来来往往的其他生物参观。参观者会指着你们的骨头说:"快看啊,这就是传说中的人类。""人就是长成这个样子的? 他们是怎么灭绝的呢? 要好好研究!"

(选自《现代快报》2010 年 7 月 12 日)

阅读点拨

恐龙为何会绝迹? 这一问题在长达一个多世纪的时间里既引起了科学家和大众的兴趣,也令他们困惑不已。文章以恐龙自述的口吻告诉我们恐龙灭绝的一些可能原因,我们人类对恐龙的了解甚少,对恐龙灭绝的原因难下定论,或许在科学家们的努力探索下,不久的将来就会有确切的答案。

蟋蟀的歌（节选）

[法]法布尔

现在解剖学插进来，突然对蟋蟀说："把你的乐器拿出来给我们看看。"

和一切确有价值的东西一样，蟋蟀的乐器其实很简单。它和蚱蜢的乐器基于一样的原理：一条带齿的弓，一块振动膜。

蟋蟀

与我们看到的绿蚱蜢、蚱蜢及它们的近亲相反，蟋蟀的右鞘翅盖住了左鞘翅，几乎把它包得严严实实，只是一边身体上有突然冒出的几线皱襞。蟋蟀与上述昆虫不同的是，它惯于使弄右鞘，而那些虫子使弄的是左鞘。

蟋蟀的两个鞘翅结构几乎完全一样。了解了其中一个，也就知道了另一个。那么我们就来描写右鞘吧。它几乎平贴在背上，到了体侧突然折成直角斜插下去，翅端紧包着腹部。翅翼上现出平行的斜纹。背上有些乌黑的结实的肋条，看上去像是一幅复杂的怪异的图案，有点像阿拉伯文字。

鞘翅是透明的，稍稍带点红色。只有前后两个连接处颜色稍浓一点。前面一个大点，呈三角形；后面的小些，呈椭圆形。每一处都有一条粗粗的翅脉，并且现出细细的皱纹。前面那处有四五条加固用的人字纹，后面的则有一条弓形的拱纹。这两处地方便是发声部位。它们的皮膜确实比别处薄一些、透明一些，虽说颜色要比别处深些。

前面四分之一的部分光滑，微呈淡红色，由两条并行的弯曲脉线与后面隔开。两条脉线之间凹陷下去，里面并列着五六道小黑皱纹，就像是一架小梯子的梯级。左边的鞘翅与右边的鞘翅完全一样。这些皱纹构成摩擦翅脉，它通过增加琴弓的摩擦点来使振动更为频繁。

在鞘翅反面,梯级凹陷两边的翅脉中,有一条变成了锯齿状的肋条,这就是琴弓。我数了一下,约有 150 个尖齿或者三棱角,都是非常精确的几何学形状。

这确实是非常精巧的乐器,比蚱蜢的琴弓好多了。琴弓上 150 个尖齿与另一个鞘翅上的梯级相咬合,就使 4 个发声器振动发音。下面 2 个发声器是通过直接摩擦,上面 2 个是借助摩擦工具的振动而发声。4 个发声器,这是多么嘹亮的声音啊! 蚱蜢只有一个小小的发声器,发出的声音只传得几步远;而蟋蟀有 4 个音箱,可以把歌声送到几百步远的地方。

论声音响亮,蟋蟀可与蝉儿一比高下,但是不像蝉儿的声音那样嘶哑、烦人。更妙的是,这个得天独厚的虫儿还善于抑扬顿挫。我们说过,两边鞘翅在贴着肋边的地方有一条宽宽的卷边,这就是制振器。卷边垂下来的程度决定声音的强度。这样一来,蟋蟀便通过调节卷边与柔软腹部的接触面积,时而低吟浅唱,时而放声高歌。

两个鞘翅完全一样,这点值得注意。我清楚地看出了上面的琴弓和下面被琴弓振动的 4 个发声器的作用。可是下面那个,即左边鞘翅的琴弓有什么用呢? 它没和任何东西摩擦,它虽然和右边鞘翅的琴弓一样,也有尖齿,可是没有接触点。它完全是个废物,除非把它与右边的琴弓倒换位置,把原来在下面的换到上面来。

　　两把琴弓倒置以后，乐器完美的对称将会再现原来必不可少的机械动作，使蟋蟀能够用目前无用的尖齿摩擦出美妙的声音。它会像使用原来的琴弓一样使用新换上来的琴弓，它的声音还是那样美妙。

　　（节选自《法布尔昆虫记》，李明淑译，北京科学技术出版社2006年版）

阅读点拨

　　《昆虫记》是法国著名昆虫学家法布尔耗费毕生心血写成的一部昆虫学巨著。这部书不同于一般的科学论著，即使没有生物学知识的人也会读得津津有味。就像这篇《蟋蟀的歌》，明明是写蟋蟀发声的原理，可作者以乐器作比，通过细腻的观察和诗一样生动活泼、幽默风趣的语言娓娓道来，在传播知识的同时，给人以美的享受。

萤　火　虫

尹衍国

"萤火虫,萤火虫,飞到西,飞到东。好像星星眨眼睛,好像盏盏小灯笼……"

关于萤火虫,有很多有趣的故事。相传,我国晋朝时有个青年叫车胤,他酷爱学习,但由于家贫买不起蜡烛,不能读书,于是就捉了很多萤火虫,装在薄薄的布袋子里。四五十只萤火虫发出的光,真能抵得上一支点燃的蜡烛呢!他就借着萤火虫的光刻苦学习,后来成为一位有大学问的人。

萤火虫的一生要变 4 个模样。萤火虫妈妈喜欢在潮湿腐烂的草丛中产卵,它的卵小得很,要用放大镜才能看得见。卵孵化出幼虫后,生活几天就变成蛹,最后由蛹变成萤火虫。萤火虫的幼虫个儿很小,但胆量很大,敢与蜗牛较量,直至把蜗牛吃掉。萤火虫幼虫有一套神奇的"法宝"。你看,当幼虫找到蜗牛以后,先用它那针头一样的嘴巴在蜗牛身上敲几下。这是干什么呢?原来这是在给蜗牛打麻醉针。连打几下以后,蜗牛就迷迷糊糊地失去了知觉,动弹不得,最后终于瘫痪了。这时候,幼虫又狠狠地给蜗牛注射消化液,蜗牛皮内的肉开始化成稀稀的鲜美的肉汁。这时幼虫便呼唤它的同伴们，兴高采烈地围在蜗牛四周，一起把针管般的嘴巴插进蜗牛的皮内，津津有味地吸起来。幼虫们吸足了，蜗牛也就死了。它们帮农民除了害，立了功，是农作物的好朋友。

萤火虫

幼虫长到成虫以后，开始在夜空中飞舞，一边飞舞一边发出短暂的光。萤火虫闪光是为什么呢？原来是在招引异性。雄萤火虫在地面上空飞舞时发出闪光，是在询问："萤姑娘，你在哪里?"附近草地上的雌萤火虫也发出闪光，那是回答的信号，意思是："萤小伙，我在这里。"雄萤火虫得到信号以后，便向雌萤火虫飞去，直到甜蜜地相会为止。

萤火虫那美丽的闪光是怎么发出来的呢？科学家们经过仔细观察研究，发现在萤火虫的腹部有个发光器。这发光器由发光层、反射层和透明表皮层三个部分组成。发出的光是呼吸时由被称为"荧光素"的发光物质氧化所致。萤火虫发出的光是冷光，它不会产生热。人们通过萤火虫的发光原理发明了荧光灯——日光灯，它比同样功率的普通灯泡明亮得多。后来人们又发明了矿灯，用在矿井里。因为矿井里有瓦斯，在达到一定浓度、遇到一定热量时就会爆炸，荧光灯不发热,使用安全。科学家们还用荧光素和荧光素酶制成生物探测器,把它发射到其他星球表面,去探测那里是否有生命存在。

你瞧,小小的萤火虫,趣闻还真不少呢!

(选自《作文之友·初中版》2009 年第 6 期)

阅读点拨

本文介绍了萤火虫由卵——幼虫——蛹——成虫的成长过程,还介绍了萤火虫的一些特征:会发光;是害虫蜗牛的天敌;用闪光来吸引异性;由腹部的发光器发光;发出的光是冷光。最后说明萤火虫的发光原理及人们通过此原理进行的各种发明创造。本文语言生动、活泼、风趣,在以平实的语言作说明的同时,还运用生动形象的描写来介绍萤火虫,将平实说明和生动描写相结合。

蜜蜂消失，人类只能再活 4 年

严 含

　　大多数人一想起蜜蜂，都会想到蜂蜜、蜂胶、蜂王浆……但这和蜜蜂对大自然做出的最大贡献——维持生物多样性相比，实在太微不足道了。爱因斯坦曾经预言："如果蜜蜂从地球上消失，那人类只能再活 4 年。"因为，蜜蜂是为植物授粉的一支生力军。世界上有数万种植物的繁育依靠蜜蜂授粉，而在人类种植的农作物中，也有 1 000 多种离不开蜜蜂。

蜜蜂

　　假如蜜蜂消失，人们将告别大多数的粮食和蔬菜瓜果。此外，蜜蜂还为众多饲料植物授粉，没有它，肉类和牛奶也将变得稀有和昂贵。如果世界上的植物类型变得单调，这还会直接影响到各种动物的生存……也就是说，如果在生态系统中丢失了一个环节，整个系统便会开始崩溃。

　　令人不安的是，蜜蜂消失的事件正在发生。在美国，大量蜜蜂突然神秘地消失得无影无踪。在不到一年的时间里,美国有超过60％的蜜蜂消失。如今,蜜蜂消失现象又像瘟疫一样传到了德国、瑞士、西班牙、葡萄牙、意大利和希腊等欧洲国家。

实际上,不仅仅是蜜蜂遭遇到了生存危机,没有天敌的北极霸主——北极熊也被列为濒危动物。由于气候变暖,北极熊生活的冰面缩小,食物变得稀缺,这让北极熊的数量越来越少。冬天,居然有饥肠辘辘的北极熊残忍地捕杀小熊来填饱肚子。

根据联合国的一份报告,目前物种灭绝的速度由大致每天一种加快到每小时一种,比以前快了约1 000倍,比新物种的形成速度更是快了100万倍。即使根据最保守的估计,地球上也有至少10％的物种正在面临生存威胁。

一旦某种生物绝种,就会永远消失,无法弥补;而每当我们失去一样物种,我们就失去一项对未来的选择。随着某种生物的灭绝,或许治疗艾滋病,或许发展抗病毒农作物的希望也会跟着破灭。

在地球史上,曾经发生过5次物种灭绝。最近一次发生在6 500万年前,一次陨石撞击地球,造成了包括恐龙在内的大量物种的灭绝。目前,地球再一次走向物种灭绝的边缘,原因却是人类本身的行为:在过去的100年里,地球上45％

的森林已经被砍伐掉了；全球 20％的珊瑚礁已经遭到无法逆转的彻底破坏，而另外 50％的珊瑚礁也接近崩溃边缘……联合国将 2010 年定为"国际生物多样性年"，呼吁各国政府和全世界人民共同努力来保护地球上的生命。

　　和很多人的理解不同，在生态系统中，是没有"害虫"和"益虫"这类概念的，每个物种都有其特定的"使命"。例如，昆虫吃的往往是一些老弱病残的树，或许正好切断了树木疾病的传播途径。因此，地球上的每个物种都值得被尊敬和保护。

（选自《环球人文地理》2010 年第 5 期）

阅读点拨

　　这是一篇科普性的说明文，主要说明对象是蜜蜂，按照由个别到一般的顺序叙述。造成物种正在加速灭绝这一现状的主要原因是人类对自然环境的破坏，说明人类活动与生物多样性关系非常密切。该文呼吁我们应该从我做起，从身边小事做起，为保护地球生物的多样性做出贡献。

别惹乌鸦

陈　庚

有人认为鸟类的大脑根本没有容量可以用于思考，但实验证明，鸟类会思考，很有心计，也具有较强的记忆力。

英国剑桥大学的比较认知学教授妮可·克莱顿发现，西丛鸦经常会从学生的饭盒里盗取食物，还偷偷地藏起来。而且通常很快又会回到这些藏匿点，重新转移赃物。"它们做过贼，于是就疑心别的鸟也是贼。"更有趣的是，它们藏匿食物时，如果有别的鸟在场，就会趁那些鸟不注意时迅速藏好食物，或把嘴插进地里欺骗对方。可见，"聪明"很大程度上是在要心眼的过程中锻炼出来的，而最聪明的动物往往是社会性动物，它们要与生活在这个世界上的其他动物甚至人类斗智并生存，竞争并发展，形成适应环境需要的类似于社会中的人所具有的普遍性的习性和智力。

华盛顿大学的研究员做过一个实验，他们在校园里捉了一些乌鸦，做上标记，加以称量，再把它们放走。之后他们发现，那些被放走的乌鸦在校园里一见到他们，就会冲着他们哇哇大叫，并用翅膀扑打他们。即便离开一段时间再回来，那些乌鸦仍然记得他们。所以，千万别惹乌鸦！

不仅如此，人类对动物智力生活的研究表明，动物能与人类分享智力的许多方面。

在塞内加尔大草原上，黑猩猩用牙齿啃咬木棍制造出"飞镰"捕杀小动物。瑞典动物园的一只黑猩猩，每天早上收集笼子外的石头，等吵闹的游客到了，就拿石头当武器攻击他们。日本东京大学一只 7 岁的黑猩猩能在眨眼间识别并记忆电脑屏幕上闪过的数字位置。《时代》杂志曾刊出一则封面故事：一只倭黑猩猩，自出生起就被当成人类小孩一样抚养长大，拥有 384 个单词量，具有语言理解能力。在接受采访时，它与记者边喝咖啡边聊天，显示出迷人的风度。

然而，在制造工具方面，乌鸦比黑猩猩还要复杂精细。比如，南太平洋岛上的乌鸦，它们最喜爱的虫子生活在极窄的岩石缝里，它们便衔来一片尖尖的树叶，再用它们的喙和爪子组成一个原始的钩子，将美餐钓上来。

乌鸦

就长期记忆而言，一些鸟类更加惊人。北美星鸦能在方圆 19.2 平方千米、数百个地点储存 3 万多颗种子，并且在 285 天之后仍然记得，迄今为止没有任何灵长类动物可以与之媲美。

　　乌鸦的智商令人叹为观止。在英国，一只秃鼻鸦用冒烟的雪茄屁股把藏在它翅膀下的虫子给熏了出来。《伊索寓言》里的故事，几千年后在剑桥大学的实验室里变成了现实：事先没有做任何训练，一只秃鼻鸦气定神闲地挑了一块石头扔进瓶子里，大小重量都恰到好处。我们不得不说它们具备了一些基本的物理常识。在日本，乌鸦们发明了一种绝妙的吃果仁的办法：把坚果丢到车道上后飞到一边等汽车开过，红灯亮时，它们再飞到马路中央安全地衔走那些被车碾碎了的果仁。

　　或许这并不奇怪，2004 年克莱顿详细比较了乌鸦与黑猩猩的大脑，并得出结论：两者大脑与身体比例相当，智力上足以比肩。

　　可见，人类与动物的界限并没有那么清晰，那些属于人类的智力或情感特征，动物也有。

　　人类能理解黑猩猩的智力，毕竟我们大部分基因是一样的，一样拥有前额叶皮层（这一区域一直被认为是智力产生的生物学基础），只不过小一点。即使海豚、大象、狗、老鼠等哺乳类动物展现出不同寻常的认知能力时，人们也不会太惊讶，毕竟它们的大脑与人类有相似之处。但鸟类的大脑却是一种与人类完全不同的丛状结构，没有人类那种层层叠叠的大脑皮质，却有这样高的智力，其中深藏奥秘。2.8 亿年前，鸟类与猿类的进化就已经分道扬镳，两者的大脑结构完全不同,却各自独立进化出了相似的高级认知能力,比如使用工具、想象他者思维的能力等。这推翻了传统的智力进化论——智力进化的终极是人类的大脑皮层。生命之树上,智力的构建单位很可能是一样的,只不过在不同的枝干上长出了不同的形状。

今天人类统治地球也许只是一次进化的偶然,我们可以做另一种假想:我们有可能生活在一个由乌鸦统治的星球里,而人类只是鸟类主人的聪明玩偶。

（选自《初中生学习（高年级）》2012 年第 C2 期）

阅读点拨

为什么说别惹乌鸦?传统的智力进化论认为"智力进化的终极是人类的大脑皮层",但是鸟类的大脑是一种与人类完全不同的丛状结构,却进化出了高级认知能力。本文列举了乌鸦偷藏食物、对实验人员的报复等事例,既具体生动、饶有趣味,又有力地突出了乌鸦是社会性动物的特征。此外,本文还将乌鸦与猩猩在制造工具、记忆力、智商等方面进行比较,一方面突出了乌鸦等鸟类所具有的高级认知能力,另一方面为进化理论的创新提供了前提。

鸟坛大嘴大

瘦　驼

随着《里约大冒险》在全球银幕的热播，作为重要配角的热心的拉菲尔也好好地秀了一把。

巨嘴鸟的学名是鵎鵼（tuǒ kōng），生活在南美洲。全世界现存的34种巨嘴鸟，绝大多数生活在巴西。

因为大嘴的眼球效果，巨嘴鸟是最不容易被人认错的鸟。它们的嘴实在是太大了，长度几乎占了身长的三分之一。不过，你不用担心这会给巨嘴鸟带来沉重的负担，它们的喙里面是泡沫状的，非常轻，重量一般不会超过50克。

巨嘴鸟

巨嘴鸟为什么会长这么大的嘴？这个问题困扰了科学家很多年。起先，只看到标本的鸟类学家们曾认为，巨嘴鸟的大嘴是用来捉鱼的，就像鹈鹕那样。后来，鸟类学家发现巨嘴鸟的主要食物是各种果子，于是又猜测，或许拥有一张大嘴比较方便啄食长在树梢上的果子？直到最近，科学家们才揭开了巨嘴的秘密：原来它们生活在热带雨林，在高温炎热的环境下，大嘴可帮助它们散热降温。

吸引人们注意力的，还有巨嘴鸟的脚。巨嘴鸟有 4 根脚趾，2 根朝前，2 根朝后。这种脚型，啄木鸟也有。实际上，巨嘴鸟就是啄木鸟的"亲戚"，它们与啄木鸟一样，也喜欢住在树洞里。不过，它们并不自己凿洞，一些大型的巨嘴鸟喜欢住在树木腐烂形成的天然树洞里，而一些小型的巨嘴鸟则不客气地借住到"亲戚"家里，去抢占啄木鸟辛苦开凿的洞穴。

巨嘴鸟夫妻是鸟类中的模范，大部分巨嘴鸟夫妻会相互厮守很多年。繁殖的时候，巨嘴鸟夫人会产下 1～5 枚白色的卵，大约经过 16 天的轮番孵化，小巨嘴鸟就会破壳而出。刚出壳的雏鸟非常虚弱，全身连一根绒毛都没有，双眼紧闭。这时候，雏鸟的嘴还很短，完全看不出以后会变成一个大嘴巴。巨嘴鸟夫妇会给刚孵出来的雏鸟喂小虫子，此后水果会逐渐成为小巨嘴鸟的主食。与其他的鸟相比，小巨嘴鸟长得非常慢，有的到满月时身上还没有几根羽毛。

科学家们最近还发现，有的巨嘴鸟会齐心协力一起抚养雏鸟，即便这些雏鸟并不是它们的孩子。科学家们估计，这些自愿出力的巨嘴鸟"保姆"可能是雏鸟的哥哥姐姐，也就是巨嘴鸟夫妇上一次繁殖的后代。

经过两个月的悉心哺育,小家伙们终于可以离开巢穴了。这时候,它们除了嘴不够大、颜色不够鲜艳外,基本上跟爸爸妈妈一般模样。至于那张标志性的大嘴,至少需要一年时间才能完全长成。离巢的幼鸟会再跟爸爸妈妈共同生活一段时间。这些小家伙们玩心很重:它们会把大嘴扣在一起互相推挤,谁先后退谁就输了,赢了的一方会再接受其他幼鸟的挑战。它们钟爱的另一种游戏是抛果子。这些游戏,对小巨嘴鸟来说不只是为了玩乐,更重要的是能从中习得生存的本领。那些从小就打遍天下无敌手的小鸟,长大后更可能成为头领。

目前,大部分种类的巨嘴鸟生活还算无忧无虑,但由于人们大量砍伐森林,导致某些巨嘴鸟的家园遭到破坏,有一些已经陷入濒危状态。就像电影里说的,有些人喜欢把野生的鸟捉来做宠物,这种捕捉甚至形成了交易链(据说,一只巨嘴鸟的身价已经高达 10 万元),这就严重威胁到了巨嘴鸟的生存。

巨嘴鸟的大嘴闻名天下,绝对是它们种族的"注册商标"。但是,大自然中也存在着"东施效颦"者,那就是犀鸟。犀鸟生活在亚洲和非洲,它们不是巨嘴鸟的近亲,与巨嘴鸟的生活区域也并不重叠,可是,它们也长着一张大嘴,只不过尺码相对巨嘴鸟来说小一些。犀鸟的生活习性与巨嘴鸟很相近,也以水果为主食,偶尔也会吃些小昆虫、小动物做配菜。这种没有亲缘关系却长得类似的现象,科学家称之为"趋同进化",也就是本来长得不像,由于生活环境近似,慢慢变成了一个模样。

我们该如何区分巨嘴鸟和犀鸟呢?首先,当然是看"出生证",巨嘴鸟生活在南美洲,而犀鸟生活在亚洲和非洲;其次,请它们把脚伸出来,2根脚趾朝前、2根朝后的是巨嘴鸟,3根朝前、1根朝后的是犀鸟;最后,是看"帽子",犀鸟的头顶往往"戴"有一个"大头盔",而巨嘴鸟没有。

（选自《中学生阅读（初中版）》2012年第4期）

阅读点拨

究竟谁是鸟坛大嘴大?原来是巨嘴鸟,它的学名叫鵎鵼。巨嘴鸟的外形有哪些特征?巨嘴鸟的嘴长度几乎占了身长的三分之一;巨嘴鸟的4根脚趾,2根朝前,2根朝后;小巨嘴鸟的嘴不够大,颜色也不够鲜艳;巨嘴鸟的头上没有一个类似于犀鸟头上的"大头盔"。作者运用拟人的修辞手法,将巨嘴鸟赋予人的特性,体现了它们可爱、调皮的特性;贬义词褒用,表达了作者对于巨嘴鸟的喜爱之情。

能藏善跑的草兔

姜雅风

在我国东北、华北、西北和华中的广大地区，生活着一种野生哺乳动物——草兔。

草兔的体型较大，体长 40～68 厘米。身体背面毛色由沙黄色渐变至深褐色，通常带有黑色波纹；体侧面近腹处为棕黄色；耳长 10～12 厘米，耳端有窄的黑尖；尾长 7～15 厘米，尾背有显著的黑色斑。

草兔食性简单，以各种植物的茎、叶、根和种子为食。春夏之际，它们以植物的幼苗为食；秋季，它们以植物的种子为食；冬季，大雪封山，草兔只得扒开厚厚的积雪，寻找埋在下面的植物茎根充饥，有时还啃食树皮。

草兔的周围，存在着各种各样的捕食者。过去，狼和狐狸都是草兔的主要天敌，但现在大部分地区的狼和狐狸都已经灭绝或非常稀少，人却成为它们最常遇到的也最令它们恐惧的天敌。

在与捕食者的长期周旋中，草兔练就了一身避敌的好"兵法"。

　　草兔善于隐蔽。春末至秋初，草兔以葱郁的植物为天然庇护，在农作物、草丛、灌木丛和幼林等隐蔽处自由穿梭。秋末至翌年初春，树木落叶，百草凋零，它们会用前爪迅速挖掉草丛或灌木丛里面的杂草，形成一个浅浅的、有少许松软浮土的临时巢穴。巢穴长约 30 厘米、宽约 20 厘米，刚好可以容草兔藏身。临时巢穴正前方的枯草会被草兔压断或折断，视野开阔；两侧和后方的植物保持完整。遇到强敌，草兔就在这种巢穴中躲藏不动。由此可知"兔子不吃窝边草"的深意。

　　通常，草兔的活动路线较为固定，久而久之便可形成"兔道"。它们在草丛、灌木间踩出仅比一只成人鞋稍宽的小道。有趣的是，每只草兔都有自己固定的活动区域，行走路线很少与其他个体完全重合。这样出行不仅节省体能，还便于它们快速躲避天敌的追捕。

　　遇到天敌时，草兔往往选择适宜的路线逃跑。它们的前肢短、后肢长，适于在平地或缓坡奔跑。受到惊扰时，草兔会尽量向地势较高处奔跑；若有人阻挡，它们往往会绕道，迂回奔向地势较高处；无法绕过时，便向一侧奔跑，很少选择直接冲向下方的路线。跑起来时，它们两耳紧贴颈背，躲树木，跃小坎，一路狂奔，如履平地。

　　到了繁殖季节，草兔体内激素急剧变化，使它们暂时"忘记"了环境中存在着的虎视眈眈的捕食者，进入一种近乎癫狂的状态。据资料记载,草兔每胎产仔 5～8 只,可谓"兔丁兴旺"。较强的繁殖能力,使草兔家族千百年来虽历经风雨却仍然繁盛不衰。

（选自《大自然》2014 年第 2 期）

阅读点拨

　　作者从草兔的分布、草兔的体貌、草兔的食性、草兔的避敌能力和繁殖能力等方面说明了草兔的特点;运用列数字的方法,说明草兔的体型较大;运用作比较的方法,把兔道的宽度与成人鞋的宽度作比较,突出"兔道"之窄。本文语言平实而又生动,如"兔丁兴旺",说明了草兔产仔多、繁殖能力强,增强了语言的趣味性。

我 思 我 行

理解感悟

◆ 恐龙到底能不能复活? 为什么? 你有答案了吗?

◆ 人们通过萤火虫的发光原理发明了荧光灯, 小小萤火虫带给我们无穷的智慧。 你认为, 我们应该如何看待和人类同在一片蓝天下的动物?

实践拓展

◆ 你心目中的"马"是什么样子的? 请用你喜欢或最擅长的方式把你心目中的"马"表现出来。

◆ 请你选定一种常见且感兴趣的昆虫仔细观察, 写下自己的观察记录。

《恐龙世界百科全书》（全国中小学校本课程与教材研究中心组织编写）

　　恐龙的祖先是谁？　它们是五颜六色的还是色彩暗淡的？　它们为什么要吃石头？　为什么有的恐龙长着两个脑子？　恐龙的"亲戚"有哪些？　我们能够使恐龙复活吗？《恐龙世界百科全书》用 400 个精心选编的知识条目，500 幅鲜明震撼的精美彩图，带领你回到神秘蛮荒的远古时代，认识恐龙、了解恐龙，走进异彩纷呈的恐龙世界。

第二单元
自然探趣

　　"一松一竹真朋友，山鸟山花好弟兄。"优美的自然环境是人类成长的摇篮，这个单元就让我们一起走进科学，去倾听大自然的语言，探究沙漠荒凉的真正原因，了解海洋中的精灵——海天使，认识古怪的重水，揭秘怪风，解读植物不失眠的原因，打开神奇的自然礼物——拟态，关注不容忽视的土壤污染现象。

　　阅读本单元的文章，你将感受到人与自然共同创造的优美环境，你将倾听到大自然的呼声，你将感受到智者对愚蠢行为的愤慨，你将看到人类对生存环境的忧虑和思考……

沙漠荒凉的真正原因

高　峰

　　沙漠是地球上最荒凉的区域之一。为什么沙漠如此荒凉？按照我们一贯的理解是，沙漠地区缺乏生命所需的水，所以鲜有生命能在那些地区生存。最近，美国康奈尔大学的研究人员却发现，不少沙漠地区并非干得不能生长植物，而是肥力不够，因为沙漠土壤中缺乏植物赖以生存的氮。而且，令人担忧的是，随着气候不断变暖，沙漠地区土壤中含量可怜的氮还会不断挥发，以气体的形式大量流失，从而导致生长在沙漠里的植物越来越少。

　　研究人员在美国莫哈韦沙漠地区选了几处试验点，通过精密测量仪器了解土壤中的氮是如何随着气温升降而变化的。研究发现，不管有没有阳光照耀沙漠，当土壤温度达到40～50℃的高温时，土壤中的氮会以气体形式从土壤中迅速释放出来。而在沙漠中，地表温度达到40℃以上是轻而易举的事情。研究人员还发现，地表温度越高，沙漠土壤中释放氮的速度越快。因此，随着全球气候变暖的加剧，沙漠的气温和地表温度也将越来越高，土壤中的氮也将越来越少，沙漠会变得越来越荒凉和贫瘠。

　　研究人员还表示，除了沙漠地区，在世界任何高温干旱的地方都可能出现类似的情况。近年来，让农林科研人员头疼的现象也由此找到了原因，他们在干旱地区种植实验田地，虽然保障了充分的水和肥料，但是土地的产出还是不尽如人意。

　　干旱地区的氮不但从土壤中偷偷溜走，而且还很难再回到土壤之中。在气候温和的地区，氮在土壤和大气中的循环是平衡的。当地土壤中的一部分氮虽然也会通过分解或植物收割流向大气，但是在雷雨天，空气中的氮气会在雷电的作用下变成氮肥回到土壤中。然而，干旱地区很少会有雷雨天气，也就很少会有氮再返回到土地中。正是因为干旱地区氮的流失是不可逆转的，就算我们花再大的代价，不计成本地往其中施放氮肥，也不可能让沙漠变成绿洲。除非，我们可以让沙漠地区的气温及地表温度降下来。

　　今天如果我们不能有效遏制气候变暖的发展趋势，那么代表着沙漠未来希望的零星绿色将越来越少，直至完全绝迹，沙漠的扩张也将变得气势汹汹且肆无忌惮。那样令人绝望的未来，并非是我们所希望看到的！

（选自《中国减灾》2011 年第 10 期）

阅读点拨

本文详细说明了沙漠荒凉的真正原因是土壤中缺乏植物赖以生存的氮。研究人员在沙漠地区选取试验点，通过精密仪器测量，在此基础上进行研究，发现沙漠地区长时间气温较高，土壤中的氮以气体形式不断挥发，而最终不能回到土壤中。本文语言生动形象，充分表现了土壤沙化的严重性，警示人们保护环境。

海洋中的精灵——海天使

王冬梅

　　科学家虽然 1774 年就在北极冰海中发现了它的踪迹，但至今仍摸不清它的来历，它就是海天使。西方科学家以掌管历史的希腊女神 Clio 的名字为其命名，为它建立全新的科、属分类，并将它作为代表性物种。因为它修长的外形跟蛞蝓（kuò yú，一种软体动物）相像，便以海蜗牛作为其种名。

　　海天使简单的外形与透明的身体，使它常被误认为是水母类生物，但它其实属于贝类大家族。这种贝类都有双翼，因此统称为翼足类。它们终其一生都在大洋中随水流四处漂游。海天使刚孵出时，身体还带有硬壳，不过大约 3 天后就会将壳永久丢弃，变成无壳贝类。海天使虽然身长不过 1～3 厘米，最大的也不超过 7 厘米，但靠着间歇性的摆动双翼，居然能在比其身躯大好几千倍的水层中，上上下下来回移动。上升的时候，它总能保持如天使般优雅的姿态，缓缓由深海游到冰层下。

　　海天使的名字主要来自其身体两侧的一对翅膀，这让它看起来就像翱翔在空中的天使，再加上它体内有个红色的心形消化器官,看上去十分甜美可爱。但是,它其实是凶狠的掠食者。发育期的它,喜欢捕食微小的浮游藻类;长大后却个性突变,成为凶狠的掠食者。海天使攻击时,会从头部伸出3对触手,先紧紧抓住猎物硬壳,将猎物的壳口朝向自己,再伸出带刺的吻,勾住猎物身体吞入腹中,只留下空壳。

科学家发现,海天使在每年食物丰盛的温暖春季,除了摄取大量脂肪外,还会从其他物质中自行合成脂肪,以便用于繁殖或作为储备粮食,以度过缺乏食物的冬季。海天使饱食一顿后,可以忍饥长达200多天。这种能屈能伸的求生能力,就是海天使族群在南北极海域生生不息的超能力!更神奇的是,它还能缩小自己的身躯,降低新陈代谢的速率,以减低体内能量的消耗。当弹尽粮绝时,海天使还能消化身体里与生存不相关的部分组织,以求保存最后一线生机,等待春天来临时重生!

(选自《百科探秘:海底世界》2016年第4期)

阅读点拨

本文按照逻辑顺序,依次说明了海天使的得名、外形、捕食、繁殖生存等内容,强调海天使求生能力之强。读完全文相信你会明白为什么说海天使是海洋中的精灵。

古怪的重水

叶永烈

1942 年,正当第二次世界大战在欧洲大陆激烈进行的时候,英国的间谍部门却把注意力集中在挪威南部某荒凉小镇的一家看起来很普通的小工厂。这家小工厂里,并没有隆隆的机器声,也没有高高的烟囱,只有来自当地发电厂的电线和自来水管。它在静悄悄地生产着一种神秘的重要物资。德国军队虽重兵防守,但这家小工厂还是被英国间谍炸掉了。德国人马上调集专家抢修,花了 9 个月的时间,小工厂又开始了神秘生产。1944 年,德国军队极为秘密地把小工厂的产品运走,但那些产品最终还是被英国间谍的定时炸弹和美国的轰炸机炸毁了。

这家小工厂生产的究竟是什么样的产品呢? 这神秘的产品,就是重水!

重水看上去跟普通的水差不多,也是那种无色透明的液体。然而,它似水不是水,跟普通水相比有着许多不同的"脾气"。重水确实是"重"水,它比普通水重。1 立方米重水要比 1 立方米普通水重 105.6 公斤。重水这名字,便是打这儿来的。大家都知道,在标准条件下,普通的水在 0℃ 结冰,在 100℃ 沸腾。然而,重水却是在 3.8℃ 结冰,在 101.42℃ 沸腾。普通水的密度在 4℃ 时最大,重水的密度在 11.6℃ 时最大。很多物质在重水中的溶解度,比在普通水中小。比如,食盐在重水中的溶解度比在普通水中减少 15%,氯化钡的溶解度则减少 20%。许多化学反应在重水中进行比在普通水中慢。严格地说,重水也是水! 普通的水分子是由 1 个氧原子和 2 个氢原子组成的。重水的分子,也是由 1 个氧原子和 2 个氢原子组成的——只不过这氢原子不是普通的氢原子,而是重氢原子。

在大自然中,普通的水很多,然而重水却很少,在 50 吨水里大约只含有 7.5 千克重水。重水总是混杂在普通水中,它们均匀地混合在一起。怎样才能把重水分离出来呢? 人们发现,当用电流电解水的时候,大量普通的水被电解成氧气和氢气,而在剩下的液体中,重水的含量越来越高。于是,人们便请电流来帮忙提取重水:把水大批大批地电解,然后把剩下的液体进行蒸馏,利用重水和普通水沸点的不同把它们分开,制得很纯净的重水。从天然水中提取重水要消耗大量的电能。据统计,提炼 1 千克重水比熔炼 1 吨铝所需要的电能要多 3 倍。

重水,是制造原子弹过程中的重要角色! 它能有效地减慢中子的速度,把快中子变为热中子,并且它本身不吸收中子,不会减少中子的数目。因此,重水是非常理想的中子减速剂,它能使链式反应进行下去,实现原子弹的爆炸,重水因此成为举足轻重的战略物资。当年德国人失去重水之后,整个制造原子弹的计划不得不推迟。

在第二次世界大战之后,原子能开始被应用在工农业生产上。人们建造了原子能反应堆。在原子能反应堆中,同样要用到中子减速剂,用到重水。

在制成原子弹之后,人们又发明了氢弹。制造氢弹的主要原料是氘和氚。氘来自重水。这样一来,重水更加身价百倍。氢弹爆炸,实际上就是氘和氚进行激烈的热核反应,在一瞬间释放出巨大的聚变能。

人们现在正努力探索控制热核反应的方法,把它应用在工农业生产上,建造热核反应发电站。这种新型发电站与原子反应堆相比具有许多优点,比如环境污染少,热核反应产生的能量大,发电量大。更重要的是,原料取之不尽,用之不竭。在洪湖河海的水中,有数以万吨计的重水可以大量提取氘。正因为这样,如今重水被人们誉为“未来的燃料”。

(选自《百年百篇经典科普》,长江文艺出版社2004年版,有删改)

阅读点拨

本文的标题为《古怪的重水》,"古怪"既彰显出了重水的特性,又能引起读者的兴趣。作者主要介绍重水的主要用途:作为中子减速剂,用于制造原子弹或建造原子能反应堆;作为提取氘的原料,用来制造氢弹或应用于建造热核反应发电站。

怪 风 揭 秘

邓万祥

风是一种常见的自然现象，但是，大自然也造出了许多怪风。

有一句俗语"清明前后刮鬼风"，这种所谓的"鬼风"能转着圈跟着人走。世界上当然是没有鬼的，这种风其实是一种尘卷风，它一旦遇到障碍物，便会改变前进的方向，在一个地方打转，有时它还挟带着泥沙、纸屑旋转上升。

有一种叫"焚风"的风，最早是指气流越过阿尔卑斯山后在德国、奥地利和瑞士山谷出现的一种风，它的特点是热而干燥。实际上，在世界其他地区也有焚风，如北美的落基山、中国新疆吐鲁番盆地等。焚风主要是由于气流受到山脉阻挡后沿着山坡上升而形成的。当受阻气流上升到山脊附近后，变得干燥，然后在背风坡一侧顺坡下降，气温常有大幅度的升高，从而形成焚风。阿尔卑斯山脉在刮焚风的日子里，白天温度可升高 20℃以上，初春的天气会变得像盛夏一样。不仅热，而且十分干燥，易引起森林火灾，遇特定地形，还会引起局地风灾，造成人员伤亡和经济损失。

在怪风家族里，还有一种叫"布拉风"的风，这种风具有飓风的力量且无比寒冷。经研究发现，这种可怕的风是由于陆地上空的冷空气团和不断上升的海上热空气之间的气压差而形成的。布拉风的风力可以达到 12 级，甚至更高，具有极强的摧毁力与破坏力。约 10 年前，俄国黑海舰队的 4 艘舰艇停在海岸边，忽然刮来一阵狂风，卷起千层巨浪，刹那间船被冻成了一座冰山，最后全部沉没。

对人类危害最大的还得算台风。它既大刚又大柔，一边画圈，一边大呼大啸大跃进。台风是一种形成于热带海洋上的风暴。太阳的照射使海面上的空气急剧变热、上升，冷空气从四面八方迅速赶拢来，热空气不断上升，直至到达高空变为冷空气为止。这些热空气冷凝后，立即变为暴雨，四面八方冲来的冷空气夹着狂风暴雨形成一个个大旋涡，进而形成台风。台风对人类的危害极大，有时会把大树连根拔起，把房顶掀掉，伴随狂风而来的瓢泼大雨还会淹没庄稼、中断交通。海面上台风的破坏力更是惊人，它掀起滔天巨浪，威胁着海上作业人员和海上航行船只的安全。翻一翻苍茫历史可知，1970 年 11 月 13 日，台风曾"叩问"孟加拉湾，飓风上岸时潮高约 6 米，顷刻之间 20 多万人成为"鱼鳖"，100 多万人无家可归。

如果台风在空中产生带有垂直转轴的旋涡，就会形成龙卷风,这是一种强烈的小范围旋风,其破坏力远远大于台风。上海浦东地区就曾受到过龙卷风的袭击,那场风把一只 11 万吨重的储油罐轻而易举地抛到 120 米以外。

怪风家族里的一些"微风"也具有一定的破坏力。一个晴朗的夏夜,一座 70 米高的铁塔在一声巨响中轰然倒塌了。当时除了阵阵微风外,没有任何异常情况,人们不知道铁塔为何而塌。后来人们才发现,当气流贴着物体流动时,会形成一个个小旋涡,这些旋涡会产生一种使物体左右摇摆的力,从而危及建筑物。建筑物的设计师们没有注意到这种微风的破坏力,那座铁塔就是被这种微风吹倒的。

怪风虽怪,但如果我们巧妙地加以利用,有些怪风也可以为人类造福。比如,人们在经常出现焚风的地方种植一些作物和果树,便可利用焚风带来的热量促进植物的生长,从而使当地也可种植一些原本只能在南方生长的植物。同时,作物和水果的品质也得到了改善。由此看来,只要我们能够正确认识它们,就一定会找到兴利避害的好办法。

(选自《生命与灾害》2011 年第 1 期)

阅读点拨

风是一种常见的自然现象,但大自然也造出了许多怪风。本文从怪风的名称、怪风的特点、怪风形成的原因、怪风的危害这四个方面对焚风、布拉风、台风进行揭秘,让我们知道了各种怪风的秘密。

植物不失眠

乔　娟

　　植物也要睡觉。合欢树的睡态很美,叶片柔柔地低垂着,耷拉着脑袋,不用酝酿,只要叶片低下来,它们很快就会入睡。但并不是所有的植物都用叶子来睡眠。像睡莲,就是叶子醒着花儿睡。黄昏的池塘边,白天还是昂首怒放的睡莲,随着晚风飞舞,它们将花瓣儿慢慢收拢,紧紧闭合。一朵、两朵,很快所有的花朵全部闭合成了一个个小球儿。

生长中的植物

花儿不劳作,也不创造,它们为什么要睡觉呢?

100多年前,英国生物学家达尔文就发现了植物的睡眠现象。他对69种植物的夜间活动进行了长期观察,发现那些积满露水的叶片更容易受伤。他把叶片固定住,也得到同样的结果。达尔文由此断定,叶片睡眠可以保护其不受伤害,并可以抵御夜间寒冷。

20世纪60年代,科学家们印证了达尔文的观点,植物睡眠可以减少热量散失和水分蒸发。像合欢树,不仅夜晚用睡眠保护自己,当遭遇狂风骤雨时,叶片也会逐渐合拢,以防叶片受到暴风雨的摧残。美国科学家恩瑞特还发现了一个更有趣的现象,他用一根温度探测针在夜间测量多种植物叶片的温度,发现不睡眠的叶子温度总比睡眠的叶子温度低1℃。正是这1℃的微小差异,成为阻止或减缓叶子生长的重要因素。因此,结论出来了:在相同环境中,睡眠的植物生长速度较快,具有更强的生存竞争能力。科学家们还发现:某些植物不仅夜晚睡觉,白天竟然与人一样还要午睡。它们中午11时至下午2时,关闭叶子气孔,光合作用明显降低,这就可以减少水分散失,增强它们的抗旱能力。

植物也一样,夜晚睡眠,可以避免寒露和霜冻侵袭,减少水分蒸发,保持湿度;白天睡眠,可减少水分蒸发,还可避免昆虫骚扰。让人类羡慕的是,人有时候会受情绪或疾病的困扰而失眠,植物却不会受到任何影响,到了该睡觉的时间,无论出现什么情况它们都能准时入睡。第二天再见时,一准儿是神采奕奕,精神抖擞。

(选自《青春岁月(校园版)》2014 年第 7 期)

阅读点拨

　　本文采用逻辑顺序,对植物睡眠原因进行探讨。先讲述植物也有睡眠现象,再探讨植物产生睡眠现象的原因。现代科学家认为植物睡眠可以减少热量散失和水分蒸发。达尔文认为叶片睡眠可以保护其不受伤害,并可以抵御夜间寒冷。作者把植物睡眠与人的睡眠进行比较,强调植物睡眠不会受到任何影响。

拟态——神奇的自然礼物

康 乐

当你在森林小径散步时，可能会看到一片不起眼的枯叶，但你的脚还没有踏上去，"枯叶"却突然飞起，瞬间变成一只闪耀着墨蓝色光泽的美丽蝴蝶。它翩然飞去，很快就消失得无影无踪——原来这是罕见的枯叶蝶。

你或许还会看到一只虎甲在路上迅速跳动，细看却觉蹊跷——"虎甲"竟然长着超长的触角！原来这是一种螽斯的若虫，它模拟虎甲的体色、外形和跳跃行为，以防被猎食，直至完成最后一次蜕皮。最终，它会成为一只巨大的螽斯，前翅宽阔，脉络清晰，像一片树叶。

这就是大自然里奇妙的拟态！

拟态，表现为一种生物与另一种生物或周围自然界物体的相似性，这种相似性很高，简直难以分辨，可以保护其中某一物种或两个物种。这种相似性可表现在外形、颜色、气味、鸣声和行为等方面。拟态非常神奇，也很常见，在动物、植物和真菌界都存在，也吸引了很多科技工作者探究其原因和机制。

已有的科学研究认为：一方面，大自然的"进化接力赛"

促进了不同物种之间互惠互利的协同进化，导致了拟态；另一方面，为了适应相似的选择压力而导致的平行进化也会促进拟态的发生。研究者推测导致拟态的生物机制可能是这样的：第一步是与调节形态变化有关的修饰基因发生突变；第二步是具更小表型影响的基因受到了选择，导致相似程度增加。事实上，亲缘关系很近的动物并不都采用拟态的对策适应环境。相似的基因组为什么能产生如此大的表型变异和分化？更多物种的拟态及其机制仍等待着我们去发现和探索。

拟态是生物多样性的重要表现形式，是大自然的馈赠，让我们的世界更加神奇、复杂和美丽，使自然生态系统更加稳定、多样和有序。拟态的美学特征经常让我们深感意外，同时也让我们领悟到它存在的道理，从而激发我们的好奇心。

（选自《大自然》总第 183 期，有删改）

阅读点拨

什么是拟态？拟态有哪些作用？本文给出了答案。拟态，表现为一种生物与另一种生物或周围自然界物体的相似性。拟态可以保护其中某一物种或两个物种；拟态可以让我们的世界更加神奇、复杂和美丽，使自然生态系统更加稳定、多样和有序；拟态的美学特征让我们领悟到它存在的道理，激发我们的好奇心。

不可忽视的土壤污染

李　莉

　　土壤、水、阳光和空气是大自然赋予人类和其他生物生存的四大要素。一般的污染马上就能引起大家的关注，而土壤污染造成的不良后果要在几年、几十年甚至上百年后才能显现出来，所以人们常常忽视对土壤污染的整治。

　　近年来，由于人口的急剧增长和工业的迅猛发展，固体废物的倾倒和堆放量日益增多，有害废水不断向土壤中渗透。大气中的有害气体和漂浮的尘土也不断随雨水降落在土壤中，导致了土壤污染加剧。

　　土壤污染造成的危害是极为严重的。土壤污染导致严重的直接经济损失，对此目前尚缺乏系统的调查资料。仅以土壤重金属污染为例，我国每年因重金属污染而减产的粮食就有 1 000 多万吨，被污染的粮食每年也多达 1 200 万吨，合计经济损失至少 200 亿元。土壤污染导致食物品质不断下降，这些污染物在植物体中积累，并通过食物链富集到人体和动物体中，危害人畜健康，引发多种疾病。另外，受到污染的土壤表土在风力和水力的作用下，进入到大气和水体中，导致大气污染和水体污染。

　　为了控制和消除土壤污染,治污工作者们提出了许多解决办法:首先要控制和消除污染源,加强对工业"三废"的治理,即大力推广闭路循环、无毒工艺,以减少或消除污染物的排放;对工业"三废"进行回收净化处理,化害为利,严格控制污染物的排放量和浓度,避免带有不易降解的高残留污染物随机进入土壤。其次是增施有机肥,提高土壤有机质含量,增强土壤胶体对重金属和农药的吸附能力。最后,在生产中合理施用农药、化肥,控制化学农药的用量、使用范围、喷施次数和喷施时间,提高喷洒技术,改进农药剂型,严格限制剧毒、高残留农药的使用,大力发展高效、低毒、低残留农药。

　　对污染严重的土壤,施用石灰、碱性磷酸盐、氧化铁、碳酸盐和硫化物等化学改良剂,加速有机物的分解,使重金属固定在土壤中,降低重金属在土壤及土壤植物体中的迁移能力,使其转化成为难溶的化合物,减少农作物的吸收,以减轻土壤中重金属的毒害。近年来,世界各国的环保专家和生物学家还提出了让植物来净化土壤的新方案。他们培养出各种转基因植物,让它们吸收土壤中的有害物质,然后集中起来焚烧处理,这样,经过植物吸收后的重金属还可以提炼出来,变废为宝,不但净化了土壤,还获得了宝贵的重金属。与传统的化学、物理等除污手段相比,植物除污具有投资和维护成本低、操作简便、不造成二次污染、经济效益明显等优点。

我们应该注意到土壤受到污染的途径有很多。伴随着大气污染、水污染，有些有毒的废气颗粒物在重力作用下沉降到地面进入土壤；携带重金属的工业废水流经土壤，降解起来很困难，对土壤造成的伤害几乎是无法逆转的。

（选自《乡镇论坛》2012 年第 26 期）

阅读点拨

本文向我们说明了土壤污染不被重视的原因，土壤污染的原因，土壤污染的危害，控制和消除土壤污染的办法。文章题目为《不可忽视的土壤污染》，从内容看，文章是从土壤污染的后果显现慢、污染趋势加剧、危害严重、控制和消除困难四个方面对其"不可忽视"的特点加以说明的。如何解决土壤重金属的污染问题？控制和消除污染源；增施有机肥，增强土壤胶体对重金属的吸附能力；对污染严重的土壤施用化学改良剂，使重金属转化为难溶的化合物，减少农作物的吸收；利用植物修复，把一部分重金属从土壤中带走。

我 思 我 行

理解感悟

◆ 地球是人类的家园，保护我们生存的环境已成为全球性问题。 请思考为什么说全球气候变暖可能是造成海洋"沙漠"面积扩大的原因。

◆ 科学家们不断探索，揭开了一个个自然之谜。《怪风揭秘》说明了大自然的什么现象？ 说说科学家们的"揭秘"有何意义？ 对你有什么启发？

实践拓展

◆ 我们只有一个地球，然而这个我们赖以生存的曾经美丽的地球已经伤痕累累。 请你和同学一起，拟写一则公益广告，挂在活动地点最醒目的位置，提醒大家保护环境。

◆ 面对动物的伤害，植物会采取各种办法进行自我保护。 在人类面前，植物更显弱小。 你认为我们人类应该怎样对待植物朋友？ 请办一期以"保护植物"为主题的手抄报。

阅读延伸

《远古的灾难——生物大灭绝》（戎嘉余　主编）

随着世界工业化程度不断提高，人类对地球环境的破坏不断加剧，导致大量生物濒临灭绝，因此提高公众对生物大灭绝的认识尤显重要和迫切。 本书系统讲述了显生宙以来，地球上发生的 5 次大灭绝事件。 根据国内外最新的研究成果，向公众详细解读了地史中发生的生物大灭绝的本质及灭绝后生物复苏的基本特点。

第三单元

时代脸谱

　　这是一个科学名人荟萃的单元，一个个鲜明的时代符号，一串串火热的焦点事件：屠呦呦发现青蒿素；居里夫妇因对放射性的研究获得诺贝尔物理学奖；刘洋，中国首位飞向太空的女航天员；霍金，现代最伟大的物理学家之一；袁隆平，会种地的大师；郑哲敏院士，"给力"中国力学学科建设与发展；爱国科学家邓叔群……这些文章人文内涵丰富，各有侧重地写出了名人的品格、气质和生活道路，颂扬了他们对人类的贡献。

　　阅读时要体会名人的崇高品格和奉献精神，学习名人良好的习惯和治学方法，品味著名科学家们始终眷恋祖国的深情。

追星当追屠呦呦

怡　然

　　"屠呦呦"这个名字仿佛横空出世,突然间在中国的媒体上铺天盖地地闪亮登场,大概是因为被誉为诺贝尔奖"风向标"的拉斯克奖名单上出现了中国科学家屠呦呦。9 月 12 日,屠呦呦荣获 2011 年度拉斯克-狄贝基临床医学研究奖,以表彰她"发现了青蒿素——一种治疗疟疾的药物,挽救了全球,特别是发展中国家数百万人的生命"。

　　事实上,1930 年出生的屠呦呦,研制新型抗疟疾青蒿素已 40 余年,据拉斯克基金会网站介绍,在中国政府于 1967 年 5 月 23 日启动的"523 项目"中,屠呦呦先锋性地发现了青蒿素,开创了疟疾治疗的新方法,世界上数亿人因此受益,未来还将有更多的人受益。

　　然而,在 2011 年 9 月 12 日之前,有多少国人听说过这个有点儿奇特的名字"屠呦呦"呢? 更有多少国人知晓这位年届耄耋的女科学家的故事呢? 百度一下"屠呦呦",眼下有近 90 万个相关结果,而且几乎全部是 9 月 12 日以后"蜂拥而至"的。最早的一篇相关文章是 9 月 12 日科学网的报道,其链接的内容里有稍早一些北京大学教授饶毅等人的博文《中药的科学研究丰碑》，其中介绍了屠呦呦的事迹，时间是2011年8月22日。仅此而已。

可以肯定地说，要不是得了一个国际性大奖，屠呦呦的名字依然会沉寂于媒体。尽管屠呦呦有许多精彩的故事，却似乎难以引起记者们的兴趣。对于科学家，记者的嗅觉何以如此迟钝？

诚然，默默无闻的科学家无以计数，做出了重大贡献的科学家也不愿在媒体上抛头露面，但无论如何都回避不了这个现实：我们的媒体对科学家的报道，远远不如影星、球星或其他什么明星，甚至也大大不如以自我炒作博名的所谓"红人"。每年全国两会期间，人民大会堂门前无数记者追逐着、包围着代表委员中的"星级"人物采访，而冷落了代表委员中的科学家，便是一个最具典型意义的缩影。由这个"缩影"必然衍生出另一个"缩影"：少男少女们不知王选，不识袁隆平，问杨振宁"是唱什么歌的"……

4年前，《人民日报》曾发表评论《追星当追袁隆平》，其中写道："科学之星的奋斗历程艰辛而漫长，其中贯穿着高尚的理想、信念和种种生动有趣的传奇故事。我们的媒体和文艺作品应当大力宣传科技之星，营造全民族崇尚科技、英模之星的舆论氛围，引导青少年从小爱科学、学科学，为科技发展和事业创新而献身。如此,则国家幸甚,民族复兴有望焉。"遗憾的是,几年过去了,袁隆平还是没有被当作"星"来追,如今是否还应呐喊"追星当追屠呦呦"呢?

（选自《新闻战线》2011年第11期）

阅读点拨

这篇文章中的"追星"不是指少男少女们的"追星",即盲目地追"影视剧明星",而是指对科学家了解太少,忽略了科学家这样的"科技之星"。40年前,屠呦呦发现了治疗疟疾的新药物——青蒿素,世界上数亿人因此受益,未来还将有更多的人受益。2015年10月,她获得诺贝尔生理学或医学奖,成为首位获科学类诺贝尔奖的中国人。先进的科技成就,造福于全人类。默默无闻地奉献,是科学家们高尚的品格!

我 的 信 念

［法］玛丽·居里

生活对于任何人都非易事，我们必须有坚韧不拔的精神。最要紧的是，我们自己要有信心。我们必须相信，我们对每一件事情都具有天赋与才能，并且无论付出什么代价，都要把这件事完成。当事情结束的时候，你要能问心无愧地说："我已经尽我所能了。"

有一年的春天，我因病被迫在家里休息数周。我看到我的女儿们所养的蚕正在结茧，这使我极感兴趣。望着这些蚕执着地、勤奋地工作，我感到我和它们非常相似。像它们一样，我总是耐心地把自己的努力集中在一个目标上。我之所以如此，或许是因为有某种力量在鞭策着我——正如蚕被鞭策着去结茧一般。

近 50 年来，我致力于科学研究，而研究基本上是对真理的探讨。我有许多美好快乐的记忆。

少女时期，我在巴黎大学孤独地过着求学的岁月；在后来献身科学的整个时期，我丈夫和我专心致志地，像在梦幻中一般，坐在简陋的书房里艰辛地研究，后来我们就在那里发现了镭。

我永远追求安静的工作和简单的家庭生活。为了实现这个理想，我一直竭力保持宁静的环境，以免受人事的侵扰和盛名的拖累。

我深信，在科学方面我们对事业感兴趣，而不是财富。当皮埃尔·居里和我考虑要不要在我们的发现上取得经济利益时，我们都认为不能违背我们纯粹研究的信念。因而我们没有申请镭的专利，也就抛弃了一笔财富。我坚信我们是对的。诚然，人类需要讲究现实的人——他们在工作中获得很多的报酬。但是，人类也需要梦想家——他们受事业强烈的吸引，既没有闲暇也没有热情去谋求物质上的利益。我的唯一奢望是在一个自由的国家中，以一个自由学者的身份从事研究工作。我从没有把这种权益视为理所当然，因为在24岁以前，我一直居住在被占领和蹂躏的波兰。我估量过在法国得到自由的代价。

我并非生来就是一个性情温和的人。

我很早就知道，许多敏感的人，即使受到一言半语的呵责，也会过分懊恼，因而我尽量克制自己的敏感。从我丈夫温和沉静的性格中我获益匪浅。当他猝然长逝以后，我便学会了逆来顺受。我年纪渐老，更会欣赏生活中的种种琐事，如栽花、植树、建筑，对朗诵诗歌和仰望星辰也有一点兴趣。

　　我一直沉醉于世界的优美之中,我所热爱的科学也有着它崭新的远景。我认定科学本身就具有伟大的美。一位从事研究工作的科学家,不仅是一个技术人员,而且是一个小孩儿,好像迷醉于神话故事一般,迷醉于大自然的景色之中。这种科学的魅力,就是使我能够终生在实验室里埋头工作的主要原因。

　　(选自《居里夫人自传》,陈筱卿译,中国友谊出版公司 2015 年版,有改动)

阅读点拨

　　选文用饱含深情的笔调,引用大量的真实材料,记述了居里夫妇在面对荣誉时的生活态度和内心世界。在生活中,居里夫人平淡而随意;在科学研究上,她只重事不重人。荣誉没有给居里夫妇的工作和生活带来巨大的困扰,成为阻止他们前进的障碍。选文体现了居里夫人高尚的人格力量和真正的科学精神。相信居里夫人对困苦的忍耐和崇高的科学精神都会催我们奋发,她的处事态度更可以荡涤我们的心灵。

"飞天女神"刘洋的成长轨迹

小 非

她是中国第一位进入太空的女航天员,也是全世界的第57位。2012 年 6 月 16 日,她同战友一起乘坐神舟九号,飞上距地球大气层 340 多千米的茫茫太空,飞向等候已久的天宫一号目标飞行器……这位相貌秀美、性格阳光的"飞天神女"就是河南姑娘刘洋。这位令亿万人瞩目的中国第一位女航天员是从小在艰苦环境中成长的独生女,她在贫寒中学会自立自强,她的性格柔中有刚,她热爱生活,喜欢做菜,曾想过当律师、售票员、白领丽人……

梦想照进现实,雏鹰展翅

每个人都有自己的梦想。

小时候,刘洋曾渴望成为电视剧中受人尊重的大律师。第一次跟妈妈坐公共汽车,她又想当售票员,那样就可以天天坐汽车了。中学时代,刘洋一心要考上一所好大学,毕业后到公司当一名白领丽人。直到高三那年,空军第一次在郑州招收女飞行员,当时刘洋成绩不错,视力挺好,身高也符合标准。班主任认为当飞行员是大好事，也没跟她商量，就替她报了名。

1997年8月，刘洋以超过当年地方重点院校录取线31分的成绩考入长春飞行学院，成为一名女飞行员，她也是新中国成立以来空军在河南招收的首批女飞行员之一。刚入航院的刘洋，为了能早日飞上天，付出了比别人多几倍的汗水。她从不娇气，4年的航校学习，从来不让父母探望。

2001年6月，刘洋从航校毕业，被分配到广空航空兵某师。一次，刘洋驾驶着战鹰进行仪表飞行，飞机刚离地，刘洋发出"收起落架"的口令时，便听到"嘭"的一声，一股鲜血直喷到挡风玻璃上，刘洋凭直觉判断是小鸟撞上飞机了。危急情况下，刘洋表现出了一个年轻飞行员少有的镇静，她集中精力保持飞行状态，和机组人员密切协作，最后成功着陆。下了飞机一检查，发现飞机撞上了十几只信鸽。如果当时处理不当，后果不堪设想。

和许多老飞行员一样，刘洋在驾驶运输机驰骋蓝天的那些年里，曾多次遭遇险情。2009年在一次执行任务中，刘洋接到命令：以最快速度赶到西安实施人工降雨。天气不好，从武汉起飞就有小雨，没多久，机身开始结冰。那天机身上的冰层特别厚，通过加温等常规措施效果不佳。此时飞机不能有一点晃动，一晃，速度就往下掉。继续往前飞，危险；返航的话，久旱的西安还等着降雨。刘洋最终决定不返航。同事们在地图上寻找最近的机场以备降落，她则死死把着驾驶杆，针对各种气流不停修正。刘洋回忆说："前方云层变亮了，空中好像透出一缕阳光。我豁然开朗，知道飞机有救了。2 分钟后，云缝真的慢慢打开，太阳一出来，飞机上的冰很快就融化了。"这次经历留给刘洋这样一个信念：在坚持不了的时候再坚持一下，成功也许就在前面。

安全飞行 1 680 小时，是刘洋在蓝天上写下的骄人历史。

2009 年，中国第二批航天员选拔，得知女性也有机会，刘洋积极地报了名。她的娴熟技能、开朗个性，给考官们留下了深刻印象。2010 年 5 月，刘洋正式成为我国第二批航天员之一，也是中国首批女航天员之一。迈入航天员队伍刘洋才知道，从天空到太空，还有很远、很远的路。

航天员的训练强度超出了刘洋的想象。转椅训练过去在飞行部队也有过，为时 4 分钟，而航天员的转椅训练每次持续 15 分钟，对谁而言都是一道难过的关。刘洋回忆说："5 分钟好像是我的极限点。听到 4 分钟报时，我突然浑身冒汗，像晕车一样说不出的恶心，但我不能吐，更不能喊停。教员说过不行了就喊停，但从第一批航天员到我们这批航天员，没有人中途停过。因为身体对转椅会有一种条件反射式的记忆，如果你第一次呕吐或停止，下一次就很难坚持了。

我只好拼命转移自己的注意力,幻想自己站在美丽的海边,看夕阳,看浪花。第一次挺了过去,第二次好多了,后来就一次比一次顺利了。"

经过两年多的训练,2012 年 3 月,根据最终考核结果,刘洋入选"神九"乘组,代号 03,主要负责空间医学实验的管理。刘洋说:"我没有感到累,而是很享受被人信任的幸福,被国家需要的幸福。"

(选自《侨园》2012 年第 7 期)

阅读点拨

2012 年 6 月 16 日 18 时 37 分,"神九"成功飞天,中国首位女航天员刘洋横空出世,吸引了世界的目光。这是一个什么样的奇女子,英雄成长背后到底有着怎样的故事?本文介绍了刘洋——中国首位"飞天神女"是怎样炼成的。她从小自立自强,追逐梦想,永不言败。一颗沉静的心,一种执着于蓝天的毅力,刘洋凭借自己的坚持,成为中国的首位女航天员。读完此文,是否也激发了你的航天梦呢?

袁隆平：会种地的大师

李珊珊

在中国,关于袁隆平的故事少不了人们对饥饿的记忆。在一本 200 多页的袁隆平传记中,作者用 20 多页来铺陈背景,讲述"饥饿的幽灵",直到第 23 页,主角才终于出现。

这位能让水稻增产 20％的杂交水稻之父是个挺踏实的人。找他给书签名,他便签上名字,再加上日期,一个字都不多写。当有人说,讲讲你的梦想吧,他只想到那些跟庄稼有关的梦想:"水稻长得像高粱一样高大粗壮,稻穗像扫帚一样长,谷粒像花生米一样大,人坐在水稻下乘凉……"

1999 年,袁隆平第一次在公开场合讲述自己的这个梦想。那一年,在中国,他还不那么出名。有人记得,在 1999 年昆明世界园艺博览会上,袁隆平亲自站在湖南省展台前介绍杂交水稻,身后是水稻,侧面是他在稻田里的大照片。有性急的游客指着照片就喊:"咦,这就是照片上的人耶!"袁隆平讪讪笑着点点头:"是我,是我。"然后指着身后,向游客介绍他的杂交水稻。

在那之后,有小行星以他的名字命名,他拿了中国的国家科技进步奖,还拿了世界粮食奖和以色列的沃尔夫奖,声誉渐隆,人们也越来越喜欢他。

那是个中国人理想中的科学家形象,看上去平庸无特色,却能解决大问题。他很少在公众场合出现,出现时就爱穿那件有大棉袄气质的白西装,说着带湖南腔的普通话,外媒喜欢强调"那是与毛泽东类似的口音"。另有中国媒体考证出来,他的那件白西装价值 500 多块人民币。

1962 年,带着对那棵杂交水稻的问号,袁隆平自费去北京拜访专家。在中国农科院的图书馆里,他读到了大量新鲜的外文资料,知道了杂交玉米的成功,也知道了小麦杂交育种的研究正如火如荼,他该做的就是利用水稻的杂种优势进行水稻杂交。

杂交水稻育种迟迟没有突破是有原因的。与玉米相比,水稻的杂交很困难。人类的三种主粮作物中,玉米是雌雄同株异花植物,雌花和雄花在植株的不同部位,分离得很清楚,最容易进行杂交。而小麦与水稻是严格的自花授粉作物,雌蕊和雄蕊被包覆在同一朵花苞中,要实现杂交,很不容易。博洛格的小麦杂交是利用一把镊子和一个放大镜进行的一项极为细致的工作。根据资料,博洛格经过 20 多年、30 000 多次杂交试验才得到了抗病、矮秆的"奇迹小麦"。

而杂交玉米的办法用到水稻上却不可行,因为水稻不仅花极小，一朵花只结一颗种子，而且花粉也只在极短时间内具有活力。操作上的困难让人们很难用手工杂交的方法来提供大批量的杂交种子以满足大田生产的需求。在当时的国际水稻学界，专家们几乎一致认为，水稻是自花传粉作物，杂交没有优势，即使有优势，也由于无法提供大批量杂交种子，而无法用于大规模水稻生产。但从北京回到湖南后，袁隆平还是决定从那棵穗大粒多的水稻身上寻找杂交水稻的钥匙。

历经三四年，检查了 14 000 棵稻穗上的小花，36 岁的袁隆平在当时的中科院院刊《科学通报》上发表论文，描述自己在水稻上的新发现。他发现了 4 棵雄蕊没有生殖能力的稻株，而这种雄性不育的特征还可以遗传。于是，袁隆平说："要利用水稻的杂种优势……首推利用雄性不育这种特征。"

1970 年 11 月 23 日，是海南岛野生水稻抽穗扬花的时节，海南本地的农场技术员冯克珊带着袁隆平的学生李必湖在一个长满野生水稻的水坑沼泽中发现了一棵他们需要的植株，那棵野生植株贴着地面生长，拥有败育的花粉。经过杂交数代、选育，他们淘汰掉了那棵植株的一系列不好的特性，如匍匐生长、叶窄、茎秆纤细，容易落粒……但花粉败育的特性仍然保存了下来。

那株野生稻被取名为"野败"。从"野败"开始，水稻领域的一件偶然发生的小概率事件，促成了一场影响深远的农业技术革命。事实上，就在"野败"被发现后不久，大约在 1972年，国际水稻研究所中断了他们的杂交水稻研究，原因是"很难解决有关的技术问题"。

今天，在国际水稻研究所的网站上，对杂交水稻的解释是"比其他稻种都要高产"。谢放鸣解释道："在相同气候、土壤、肥料的环境下，杂交水稻比普通水稻高产。用相同的投入，杂交水稻的产量要比常规水稻高出 20％以上。"谢放鸣是袁隆平的第一个硕士研究生，目前在位于菲律宾的国际水稻研究所担任资深研究员，负责全球农业磋商组织的杂交水稻研发项目。

（选自《南方人物周刊》2012 年第 4 期）

阅读点拨

本文为我们介绍了"杂交水稻之父"——袁隆平。2012 年1月31 日，马来西亚前首相马哈蒂尔在吉隆坡城中城国际会展中心为袁隆平颁发 2011 年"马哈蒂尔科学奖"，以表彰他为热带农业发展做出的杰出贡献。袁隆平以其独创性思维和惊人毅力，在水稻的育种中冲破经典理论束缚，将杂交水稻这一创新性成果带给全球，赶走了"饥饿的幽灵"。

邂 逅 霍 金

葛剑雄

自从《时间简史》在中国翻译出版后,知道霍金的人越来越多。青年人争相阅读《时间简史》,一时颇有洛阳纸贵之势。我没有看过这本书,但我对霍金以高度残疾之身写出如此经典著作的精神和业绩,充满了深深的敬意。

我知道霍金是剑桥大学的,想不到在来剑桥的第二周就见到了他。

那天下午,当我经过剑桥河边的时候,忽然看见前面缓缓驶来一辆轮椅车,上面坐着的正是霍金,和以前在照片上见到的完全一样。

车驶近了,我却呆滞了。是敬仰,是震惊,是凝视,是沉思?都是,或许都不是。在他经过我身边时,我什么也没有做,只是目送他静静地过去。

这是一弱小的身躯,稍向右侧倾斜地靠在或者说是被安放在轮椅车背上。除了他的目光,似乎看不到他有其他动作。他的目光显得异乎寻常,显示着超常的魅力;我想走上前去,又下意识地摸着照相机。但我既没有移步,也没有拍照,连拍一下他背影的念头也很快被自己否定了。

或许是霍金独特的形象震撼了我。对于这样一位随时面对死神的逼近却依然像超人那样奋斗的人,对他的任何干扰都是一种罪恶,更不用说任何好奇的举动或过分热情的表现。

或许是周围的人感染了我。当霍金经过时,一切都是那么平静,认识他的和不认识他的人都毫无异样,就连照料他的老护士也不靠近他的轮椅,只是默默地跟着,大家都尊重他作为一个正常人的生存权利。

霍金的轮椅渐渐消失了,就像路上无数过往的行人一样。

霍金是不幸的,在风华正茂时遭遇了罕见的疾病。他要用很大的努力才能举起头来;他不写字,看书必须依赖一种翻书页的机器,读文献时必须让人将每一页摊平在一张大办公桌上,然后他驱动轮椅如蚕吃桑叶般地逐页阅读。

然而,就是这样一位被疾病固定在轮椅上 30 多年的人,却坚持说自己是个快乐的人。他的思维穿越时间和空间,追寻着宇宙的尽头、黑洞的秘密。他凭着敏锐的直觉和严密的推理,直接挑战已被人们广泛认同的传统量子力学、大爆炸理论甚至爱因斯坦的相对论。

霍金是幸运的。他生活在一个人的价值可以得到充分尊重的时代,他也生活在一个科学技术高度发达的时代。要不他如何能完成他的著作?如何能继续他的生命和工作?他的轮椅上装满了大大小小的机械和电脑,他的身前就有显示屏和特殊的键盘,这是 IBM 公司专门为他设计制造的,所以他才能自如地操纵轮椅,才能传达自己的思维,才能延续他的生命。

我更庆幸霍金生活在剑桥,他完全可以像常人一样生活,不必随时面对镜头、鲜花、握手和掌声,不用应付集会、宴请、报告和表彰,因为大家都懂得个人的价值和时间的宝贵。

愿霍金在平静中度过他不平凡的一生。

(选自《语文学习》2010 年第 3 期)

阅读点拨

人生有许多美丽的邂逅,"邂逅"意为"偶然遇见久别的人"。《邂逅霍金》一文,作者虽只见过霍金一面,也非亲友关系,但对于作者来说,仿佛是亲友重逢,这样写能很好地体现亲切感,更能表达对这位著名物理学家的功绩、精神的深深敬意。

爱国科学家邓叔群

沈其益

　　爱国科学家邓叔群在清华学堂苦读 8 年，于 1923 年经考试后公费留学美国。那时出去的同学大多选择学习外交、银行、军事、法律等专业，只有他不听别人劝告，为了解救贫困的中国农民，一心入读康奈尔大学的农林专业。留学期间，他目睹同胞受到种族歧视，这激发了他为国争光的民族自尊心，决心在最短的时间内学到最精湛的科学知识。他不仅主科成绩都是 A，而且荣获了全美最高科学荣誉学会颁发的两枚金钥匙证章。正当他博士论文接近完成时，国内岭南大学急需一位植物病理学教授，导师惠凑推荐了他，但建议他完成论文后再回去。邓叔群却认为，学到先进知识报效祖国，正是自己求学的真正目的，于是当即回国。

　　在回国后的 10 年中，为搜集我国第一手真菌资料，他手提竹篮，攀山入林，一样一样地采集，逐一鉴定，定名分类。他先后研究鉴定的真菌种类达一两千种，分隶于数个属，其中首次发现新属 5 个，新种 121 个，为世界真菌资源宝库增添了新标本，在世界真菌学史上为我国的真菌科学谱写了重要的第一章,向世界宣告了中国已有自己的真菌科学。在世界著名真菌分类学家考尔夫教授总结的康奈尔大学 120 年来做出突出贡献的 41 位真菌学家中,他是唯一的东方人。

"抗战"开始后不久,为了使自己的研究与国计民生关系更为直接,邓叔群转向了林业研究。他带领助手深入云南、西康、四川一带,勘察森林资源状况。他们冒风雨、顶烈日、忍饥寒,摸清了该地区森林资源的组成、分布、蓄积量及病虫害等情况,绘制了中国的早期林型图,并提出了合理经营、开发和管理原始森林的研究报告,为大后方建设提供了必要的参考。其中,森林的材积估算、轮伐期、更新方法、造林方针等,至今仍有参考价值。

后来,邓叔群拒绝就任农林部副部长,而在甘肃省建设厅厅长张心一的支持下,举家奔赴甘肃,开始黄河上游水土保持的研究。经过几年艰苦奋斗,成功创办了洮河林场以及 3 个分场,建立了一整套保证森林更新、营造量大于采伐量的制度,创建了以科学的方法经营和管理森林的新模式。邓叔群认为,水利和林、牧之间具有密切关系,要根治黄河水患,就必须三者并重。为保持黄河上游水土、减轻下游灾害,他提出了森林生态平衡理论。

1948 年,邓叔群当选为中央研究院院士。随后,"中央研究院"要求全体高级研究人员迁往台湾或美国。他不仅自己明确表示决不离开,还动员其他同事共同抵制。他对家人说:"别忘了自己是中国人,要为民族富强奋斗终生,我决不跟腐败的国民党去台湾,也不去美国。"其实在他内心深处,对共产党抱有希望和向往,愿与民族同甘苦、共命运。后来,他早年的学生沈其益受东北解放区领导委托,特地到上海邀请他去东北筹办农学院,他欣然接受邀请,并在半年的时间内,带病编写出一整套农林大学的教材纲要。作为沈阳农学院创建的总指挥,他辛勤工作,调度有方,快速、高效地完成了建设任务。

邓叔群生活俭朴,不图物质享受。新中国成立后,他把抗日战争前在南京购建的花园洋房捐献给国家,还 3 次主动提出减薪。抗美援期时期,他又将自己的积蓄捐作军用。1960 年,他受林业部委托,举办森林病理学培训班,为各省培训出数十名专业技术骨干。培训结束后,他谢绝了巨额酬金,只留下一张结业合影作纪念。邓叔群一生的选择,都从人民和祖国的需要出发,他以自己的实际行动,践行着科学报国的理想。

(摘自《中国真菌学先驱——邓叔群院士》,中国环境科学出版社 2002 年版)

阅读点拨

　　本文讲述了爱国科学家邓叔群的生平事迹。他为了报效祖国，在祖国需要时牺牲个人利益果断回国；为了搜集第一手资料进行科学研究，他不惧艰险，深入实地考察；他为国家付出自己的一切：捐献家产和积蓄，放弃巨额酬金，3 次主动提出减薪；他不为官位和金钱所诱。相信读完此文后，你一定会为这位爱国科学家的精神所震撼！

郑哲敏院士："给力"中国力学学科建设与发展

孙自法

为中国力学学科建设与发展不遗余力、倾尽全力的著名力学家郑哲敏院士，是中国科学院和中国工程院"两院"院士、美国工程院外籍院士、中国爆炸力学奠基人和开拓者之一，中国力学学科建设发展组织者和领导者之一。他"给力"祖国，祖国给予他国家最高科技奖的殊荣。

1943 年，郑哲敏考入西南联合大学电机系，次年转入机械系。1946 年，郑哲敏所在的工学院搬回到北京清华园。同年，钱伟长从美国回国到清华大学任教，在他的课上，大四的郑哲敏首次接触到弹性力学、流体力学等近代力学理论，钱伟长严密而生动的理论分析引起了郑哲敏的极大兴趣。1947 年，郑哲敏毕业后留在清华大学做钱伟长教授的助教。多年后郑哲敏回忆，钱伟长重视数学和物理等基础学科，这对自己影响很大，促使他确定了研究力学的道路。

1948 年 4 月，在钱伟长等人推荐下，郑哲敏获准入学美国加州理工学院，一年后成为钱学森的博士研究生。在加州理工学院,郑哲敏深受钱学森所代表的近代应用力学学派影响：着眼实际问题,强调严格推理、表述清晰、创新理论,开辟新的技术和工业应用。

1955年,郑哲敏与钱学森师生俩相继回国。郑哲敏回国前夕,钱学森特地跟他谈心："国家需要什么我们就做什么。"1956年1月,钱学森回国后创建了中科院力学所,郑哲敏成为力学所的首批科技人员之一,任弹性力学组组长。在钱学森的指导下,郑哲敏建立起爆炸力学学科。1984年2月,郑哲敏接过钱学森的接力棒,出任中科院力学所第二任所长。

郑哲敏早期科研生涯主要从事热弹性力学和水弹性力学的研究,回国后曾根据国家的需要从事地震响应等方面的研究工作。后因国家科研布局调整,郑哲敏选择高速高压塑性动力学研究方向,并于很短时间内在爆炸成形方面取得完整、深入的研究成果,从而拉开了爆炸力学研究的序幕。

郑哲敏在爆炸力学方面的主要贡献包括：一是提出流体弹塑性体模型,促进形成完备的爆炸力学学科体系;二是建立爆炸力学的基本研究方法,为武器设计与武器效应评估提供崭新的力学基础;三是开辟爆炸成形、爆炸筑堤等关键技术领域,并发展水下爆炸及其与结构相互作用的理论,解决了重大工程建设核心难题。

郑哲敏还通过对"瓦斯突出"的机理研究,认为"瓦斯突出"的动力来源于煤层瓦斯中含有的机械能。与此同时,作为中国力学学科建设与发展的组织者和领导者,郑哲敏参与和主持制订了一系列重要力学学科及相关科学的规划。他总体把握中国力学学科发展方向,积极倡导、组织和参与热弹性力学、水弹性力学、材料力学、环境力学、海洋工程、灾害力学等多个力学分支学科或领域的建立与发展。

在材料力学研究中,郑哲敏提出的硬度表征标度理论在国际上有重要影响并被广泛引用,还以他与合作者的姓氏命名为"C—C"方法。引领中国力学发展的郑哲敏为促进中国力学界与国际力学界的交融、提升中国力学的国际地位等做出了重要贡献。

当前中国科技发展水平虽然有很大进步,但与国际先进水平相比仍有不小差距。郑哲敏认为,学术界浮躁的风气是制约发展的重要原因。"科研需要耐心。现在,一些人急于求成,沉不下心来坐冷板凳,这样做出的最多是中等成果,很难有出色的成果。有的人急于要实效,不重视基础理论研究,最终会极大地制约整体科技的发展。"

在郑哲敏眼里,现代科学精神的精髓就是古希腊时代传承下来的"自由探索"的精神。纵观中国自身的历史发展和文化传承,"自由探索"精神相对薄弱,这也是造成中国科学创新不足的主要原因。要真正激活科技界的创造力,"自由探索"不仅仅是一种科学精神,也应成为一种人生目标。

郑哲敏指出,中国当下的青年科研人员压力很大,各种评奖评审、项目申请等,"把人搞得很浮躁,东迎西迎,像无头苍蝇一样乱撞",年轻人急功近利,必然影响到他们从事科研的决心。他呼吁尽快给青年科研人员减压,把他们从浮躁的"包围圈"中解放出来。

(选自"中国新闻网",2013 年 1 月 18 日,有删改)

阅读点拨

选文主要介绍郑哲敏院士的主要成就和爱国精神:他是我国爆炸力学的奠基人和开拓者,提出了流体弹塑性体模型,建立了爆炸力学的基本研究方法,在爆炸筑堤、水下爆炸、"瓦斯突出"的机理等爆炸力学应用领域取得了重要成果;他促进了中国力学界与国际力学界的交融,创建了中国科学院力学研究所非线性连续介质力学实验室,为推动中国力学事业的发展做出了重要贡献。

我 思 我 行

理解感悟

◆ 因罕见的疾病而瘫痪的霍金始终坚持说"自己是一个快乐的人"，联系《邂逅霍金》一文，你认为他具有怎样的人生态度？ 你从中得到什么启迪？

◆ 读了《我的信念》一文，你认为具备怎样的品质才能成为一个真正的科学家？ 怎样弘扬科学精神？

实践拓展

◆ 假如有一天，你也成为一位年轻有为的科学家，你会怎样去做？ 展开想象的翅膀，动笔写一写。

◆ 请你给诺贝尔生理学或医学奖首位中国得主屠呦呦撰写颁奖词。 （字数在 100～150 字之间）

阅读延伸

《钱学森的故事》（林承谟　主编）

《钱学森的故事》讲述了许多不为人知的故事，旨在让青少年学习老一辈科学家创新实干、淡泊名利、不畏艰难、勇于探索、坚持真理的崇高品格，树立献身科学事业、谋求人类幸福的伟大理想，成为社会主义建设的栋梁之材，为祖国富强奉献自己的青春和热血。

《我的简史》（斯蒂芬·霍金　著）

《我的简史》是斯蒂芬·霍金在新技术帮助下完全凭借一己之力写成的第一本书。霍金浮光掠影般讲述了自己从战后的伦敦男孩成长为国际学术巨星的岁月。这部附有大量罕见照片的简明、风趣、坦诚的自传让读者了解到在过去的著作中难得一见的霍金。

第四单元

梦想飞翔

　　科学是人类社会发展与进步的动力和阶梯,是科学技术把人类一个又一个征服自然的梦想变成了现实。从古老的算盘到电子计算机,从"嫦娥奔月"的传说到"嫦娥二号"再访月宫,数字时代的到来,太阳能飞机,新能源崛起……阅读本单元的文章,让我们一起来探讨高新科技,感受科学的魅力!

　　阅读时要注意把握文章的说明对象,理解文章内容;注意领会作品中所体现的科学精神和科学思想方法,树立美好理想,热爱科学,创新实践,大胆探索科学奥秘。

数字时代，我们的大脑被改变了

晓　辉

我们知道，人类的大脑是可塑的，当人类生活方式改变时，大脑也可能发生变化。从远古人类首次发现如何使用工具开始，人类的大脑就受到广泛而明显的影响。在数字时代，我们的生活方式发生了巨大的变化。当我们每天离不开网络、离不开手机时，我们的大脑是否也被改变了？

科学家认为，对网络科技的深度依赖，改变了人类的思维方式，这在阅读时表现得最为明显。对书籍的深阅读与在网页上为了获取信息而进行的浅阅读是不一样的。美国技术专家尼古拉斯·卡尔在《网络也有黑暗一面》一书中写道："过去几年中，我一直有一种不舒服的感觉，觉得某些人或某些东西正在改变我的大脑，我目前的思考方式与过去相比已经截然不同。当我阅读时，能最为强烈地感觉到这一点。持久地阅读一本书或一篇长文，曾经易如反掌，我曾耗费数小时徜徉在长长的文字里，我的大脑能够抓住叙述的演进或论点的转折，从而进行思考。但如今不再如此，往往阅读两三页后我的注意力就开始转移了，我感觉我一直在试图将自己任性的大脑拽回到书本。"

对书籍的深阅读需要耐心，而数字阅读堪称"耐心杀手"。以微博为例，浏览一个微博页面只要几分钟，眼睛在每条微博上停留的时间只有几秒。不断地扫视、浏览、搜寻感兴趣的关键词，点击阅读——这个过程因为信息的丰富多样而足够刺激，但显然不足以锻炼耐心。一本优秀的图书通常是有内在逻辑框架的，只有进入这一逻辑框架，才能说是在阅读。而网络内容特别是微博这样的社交媒体每一条都互不关联，跳跃性的阅读当然谈不上逻辑了。互联网在给人们提供信息盛宴的同时，也使我们的思维"碎片化"了。

数字时代，人类的大脑结构也被改变了。由于互联网和智能手机已经渗入日常生活中，人们对触摸屏情有独钟。一些人因为在智能手机上面频繁地敲敲打打而被戏称为"拇指族"。但是，就是这样一种看似简单的重复运动却在不断地塑造着人们的大脑。在一项实验中，瑞士苏黎世大学的神经科学家邀请了37位手机重度用户参与实验，其中26人用智能触屏手机，11人用普通按键手机。科学家将电极连接在这些参与者头部，测试他们的拇指、食指和中指在使用手机时大脑皮层的反应。他们记录下这些参与者10天的活动。结果显示，大脑皮层中拇指控制相关区域活跃度更高的是用触屏手机的人，而使用按键手机的人则没有明显变化。使用触屏手机的次数越多,大脑皮层相应区域越活跃。在数字时代长大的"数字原住民",因长时间用拇指上网和操控智能手机,从而改变了大脑形成神经通路的方式。

　　数字时代,人们更加善于利用社交网络与人交往,但在现实生活中与人交往的能力却越来越弱。多动症、自闭症、抑郁症、躁动症和多任务癖好等现代疾病,与过度上网和玩视频游戏等有着密切的关系。

(摘自《百科知识》2015 年第 5 期)

阅读点拨

　　数字时代给我们的大脑带来了哪些改变?改变了人类的思维方式,使我们的思维"碎片化",不足以锻炼耐心;改变了人类的大脑结构和大脑形成神经通路的方式。本文将"使用智能触屏手机的人"和"使用普通按键手机的人"进行比较,突出强调了用触屏手机的人大脑皮层中拇指控制相关区域活跃度更高这一大脑结构改变特点。

智能机器会超越人类吗？

刘力源

智能机器真的有可能超越人类吗？2016 年 3 月 15 日，围棋"人机大战"第五场，"阿尔法狗"以四比一的比分击败世界顶尖围棋高手九段李世石，这更激发了人们对人工智能的关注。

的确，如果按照固定的程序进行预算，人脑的确赶不上人工智能。无论是国际象棋还是围棋，都是可以完全程序化的一种运动。如果我们问"阿尔法狗"一个简单的问题："你赢了比赛开心吗？"它就不能像人一样笑着回答，因为它并不具备我们人类的情感，也不具备人脑的灵活性，不能解答任何程序设计范围之外的问题。

现有机器和人最大的区别是什么？是人有智能，而现有机器并不具备真正的智能。严格地讲，智能机器只能执行特定的指令，而人则是处理所有感受到的信息。显然，执行指令与处理信息有着本质的不同。

随着人工智能的不断发展，研究智能机器的专家也要懂得神经科学，以便模拟人脑的神经网络构造来制造仿生智能

智能机器人

机器人。当然，要制造这样一台仿生机器人的困难程度是难以想象的，因为人脑是世界上已知的最复杂、最神奇的"自动化机器"。人脑拥有 1 000 亿个神经细胞，而每一个神经细胞都有数千个突触和其他神经细胞相连，神经细胞通过这些突触相互交流。一个三四岁的孩子大约有 1 000 万亿个突触，到了成年大概稳定在 100 万亿个。

也就是说，仿生机器人需要拥有 1 000 万亿个可以独立运算的处理器，并具有 100 万亿个信息中转器。无论是制造元件还是整合这些元件，都是一个似乎难以完成的任务。更为可怕的是，这些处理器及信息中转机要制成不同的类型。要完成仿生机器人的制造，需要最先进的纳米技术，才能把每个处理器做得像神经细胞那么小；还需要最先进的超级计算机，才能完成对仿生机器人各个器件排列顺序的编程。

因为世界上并不缺人，缺的是比人类某些性能更先进的机器。因此，科学家认为，未来的仿生机器人并非是要完全模仿人类的所有功能，而是模仿某项功能，这样仅仅需要模仿某个脑区就可以了，这就大大降低了制造难度，并可以强化某些功能,制造一些具有"特异功能"的电脑。

(选自《科技导报》2015 年第 21 期)

阅读点拨

　　智能机器有可能超越人类吗? 本文给出了答案。本文说明了智能机器人与人之间的区别,即智能机器并不具备人类的情感,也不具备人脑的灵活性。智能机器人只能执行特定的指令,而人则能处理所有感受到的信息。智能机器只是模仿人类的某项功能,人工智能是人赋予的,所以不必恐慌和害怕。

北斗：助推国力，导航生活

王　敏

护卫国家安全

卫星导航系统不仅能让用户知道自己所在的位置，还可以告诉别人自己的位置，特别适用于需要导航和移动数据通信的场所。因此，卫星导航系统是关系国家安全和社会发展不可或缺的基础信息设施。

与目前应用广泛的 GPS 相比，我国的北斗系统起步晚了整整 20 年，但在技术上并没有落后很多。北京大学地球与空间科学学院教授焦维新说："北斗系统的定位精度 10 米，测速精度 0.2 米/秒，授时精度 10 纳秒，并且还有提高的空间。在亚太地区，北斗系统的定位精度不输于 GPS。"

北斗系统在护卫国家安全上正日益发挥着重要作用。北斗系统组网成功后，我国海军北海舰队随即进行了信息化升级改造，使北斗的应用更符合舰艇远洋训练的需要，并率先在舰队水面舰艇部队推广。

危难时刻显身手

在海南,有渔民说,现在渔船上供奉着两样东西,一样是妈祖,另一样是北斗。渔业是北斗卫星导航系统应用较早也较为广泛的一个行业。安装了北斗系统终端,不仅可以为船只导航,还可以通过北斗独有的短报文技术,报告船只位置和船上人员的情况。据统计,目前,全国有近 10 万艘出海渔船安装了北斗卫星导航系统终端。

2008 年汶川大地震时,曾出现震区通信设备全部遭到破坏,前往震区救灾的部队与后方指挥中心无法建立有效联系的紧急情况。情急之下,有关单位迅速调拨了一批北斗卫星用户机,配备给一线救援部队。后方指挥部实现了"看得见"的救援指挥,前方救援部队也实现了实时短报文通信。指挥命令及时下达,灾情信息实时上报,前后方之间架起了一座有效的信息沟通桥梁,保证了指挥调度的顺畅。北斗系统在汶川地震救灾决策、搜救、医疗等工作中发挥了关键作用。

覆盖范围广,受地面影响小,定位准确及时……凭借着这些优势,在 2008 年南方冰冻灾害救援,2010 年玉树抗震救灾、舟曲泥石流救灾中,北斗卫星导航系统同样大显身手。

助推国民经济

如今,上至航空航天,下至百姓日常生活,卫星导航应用技术不断推广,北斗导航系统已经成为我国国民经济建设的"助推器"。

据统计,目前,我国涉足卫星导航应用与服务产业的厂商与机构超过5 000家,2010年产值超过500亿元,预计2020年有望跃升至4 000亿元。我国卫星导航产业进入高速发展时期,也成为国民经济新的重要增长点。

同时,随着物联网、智慧城市的建设,北斗也将发挥越来越重要的作用。据了解,在上海,智慧城市北斗综合应用示范工程即将启动,北斗导航位置服务技术创新基地将落户"大虹桥"。"智能呼叫""智能交通导航""特殊人群关爱"等民生应用项目,即将进入百姓生活。

目前,带有北斗导航系统的导航仪已经开始投放市场,直接"导航"百姓生活。但同时专家指出,北斗系统仍然要大力研发突破核心应用,并使应用形成规模化,只有这样才能使北斗真正走进千家万户。专家表示,我国北斗导航卫星系统是一个开放的、面向世界的系统,期待北斗导航在卫星导航国际舞台上的"精彩演出"。

(选自《半月谈》2013年第6期)

阅读点拨

　　基于北斗系统的相关产品在国际同类产品中处于领先地位。残疾人等特殊群体在遇到困难甚至危险的时候，可以借助北斗系统在第一时间求救；北斗也可预测复杂危险的路况，及时提醒司机规避风险。本文将北斗系统与 GPS 作比较，突出强调了北斗系统虽然起步晚，但技术上并不落后很多的特点。

太阳能飞机

黄汉云

　　近日，一架来自瑞士的奇怪飞机引起了国人的持续关注。这架名为"阳光动力"2 号的飞机，其翼展达 72 米，但重量仅有 2.3 吨，狭小的机舱只能容纳一名飞行员。单看这些数据指标，"阳光动力"2 号简直不值一提，但这架飞机却有个绝活——不需要传统燃料，因为它是一架太阳能飞机。

　　太阳能飞机是以太阳辐射的光能为动力的飞机。与常规飞行器相比，太阳能飞机由于不需要传统的化石燃料，因此具有自己独特的优势。它通常在白天爬升至平流层 20 千米至 30 千米的高度，将太阳能最大限度地转存到储能电池中，夜晚则逐渐降至 15 千米至 18 千米的高度，低速、半滑翔飞行。太阳能飞机源源不断的动力，使它一次飞行可长达数月乃至数年。同时，由于太阳能飞机以太阳能为动力，故其燃油、维护和维修费用基本为零。

　　为获得较高升力，以便在高空持续飞行，太阳能飞机在设计上通常采用大展弦比机翼，因此我们看到的太阳能飞机都会有一个巨大的机翼。这样的设计，使太阳能飞机具备了很高的升阻比。目前,各国研制的太阳能飞机的升阻比普遍达到 30~40,而常规飞机中升阻比最高的美国"全球鹰"无人机,也仅达到 30 左右。

与常规飞机使用的航空燃油相比,太阳能提供的能量却十分有限。以"阳光动力"2 号飞机为例,其机身太阳能电池面积达 270 平方米,但全部功率只有 50 千瓦左右,仅相当于一辆排气量为 1.0 升的小汽车。同时,在现有技术条件下,太阳能电池的能量转化率还比较低。"阳光动力"2 号飞机上使用的单晶硅太阳能电池,在国际上属于领先产品,厚度只有 135 微米,相当于人类一根头发的厚度,其能量转化率仅有 23%。在经过太阳能电池、储能电池、电机等能量传递环节的消耗后,实际传递给螺旋桨的能量能达到 20% 就不错了。由于这些限制,太阳能飞机的巡航速度普遍较慢,一般只能达到每小时几十千米。

任何新技术的实用化都具有无穷潜力,太阳能飞机也是如此。我们相信,只要在未来突破制约其发展的一些技术障碍,这种新能源飞行器必然会在应用中大放异彩。

（摘自《世界军事》2015 年第 1 期,有改动）

阅读点拨

太阳能飞机引起了国人的关注，本文介绍了太阳能飞机与其他飞机相比有哪些特点，导致太阳能飞机巡航速度普遍较慢的原因主要有哪些。我们相信，在未来一定可以突破制约其发展的技术障碍，使这种新能源飞行器在应用中大放异彩。

寻找三体人的"水滴"武器

史　峰

　　刘慈欣的科幻小说《三体》中，三体人之所以能奴役地球，是因为它们拥有一种非常厉害的武器——"水滴"。"水滴"能撞碎所有物质，它的硬度超乎想象："水滴"撞穿地球，就如子弹穿过面包一样轻松随意。"水滴"超硬不是胡思乱想出来的，而是依照物理研究成果做出的合理构想。

　　物质是由原子构成的，原子能再分解为原子核和电子。原子核还能再分解成质子和中子，合称"核子"。核子还能再分吗？以前是不能分的，可是用电子对撞机后，核子可以分成更小的粒子——夸克。那么，夸克还能再分下去吗？从目前的技术手段来看，无法再分了。

　　夸克是如何组成物质的呢？夸克可以相互结合，形成复合粒子。物理学家进行了大量研究后发现，宇宙中的夸克组合居然都是"三个夸克组成质子""两个夸克组成中子"的模式，没有发现"四夸克组合""五夸克组合"或是更多夸克组合的复合粒子。难道不存在这些夸克组合吗？科学家提出了假说：宇宙中应该存在"四夸克组合""五夸克组合"或是任意夸克组合，只是限于人类的见识"太短"，尚没有发现而已。

科学家又进一步从理论上推理出"四夸克组合"和"五夸克组合"的特殊性质：这两种夸克组合中的夸克之间保持着极其恰当的距离，这种距离恰好能产生强力。强力、电磁力、弱力、引力并称维持宇宙存在和运行秩序的四大力，这四种力决定了物质的硬度。如果把电磁力给予物质的硬度指数定为1，那么弱力和引力给予物质的硬度指数可忽略不计。也就是说，如果没有电磁力，只有弱力或是引力的话，物质就软得拿不起来，几乎是没有硬度；而强力给予物质的硬度指数却是100。

"三夸克质子"和"两夸克中子"中的夸克们因为距离不合适，不会相互产生强力，所以质子、中子组成的物质都是普通物质，它们的硬度由电磁力提供。而"四夸克组合"和"五夸克组合"中夸克之间的距离恰好能相互产生强力，这种物质的硬度由强力提供，比普通物质硬100倍。

说到这里，我们就明白"水滴超硬"的奥秘了："水滴"由"四夸克组合""五夸克组合"或是更多夸克复合粒子材料制成，这种材料称为"强相互作用力材料"，它的硬度由强力提供，所以坚硬无敌。

其实，2013年科学家就在北京正负电子对撞机上发现了四夸克粒子，2015年清华大学教授又发现了五夸克粒子。这些都是在实验条件下发现的。此外,科学家还一直在宇宙中寻找"天然"的四夸克、五夸克或是更多夸克复合粒子。科学家推断,找到大量的四夸克、五夸克复合粒子只是时间问题,而找到它们之后,制造"水滴"这种超硬的宇宙武器就会由幻想变成现实了……

（选自《知识窗》2017 年第 4 期,有删改）

阅读点拨

在刘慈欣的科幻小说《三体》中,三体人之所以能奴役地球,是因为它们拥有一种非常厉害的武器——"水滴"。"水滴"有何奥秘呢?"水滴"由"四夸克组合""五夸克组合"或是更多夸克复合粒子材料制成,这种材料称为"强相互作用力材料",它的硬度由强力提供,所以坚硬无敌。一旦找到大量的四夸克、五夸克复合粒子,制造"水滴"这种超硬的宇宙武器就不再是幻想了,一切皆有可能。

新能源崛起

冉 浩

能源是我们赖以生存和发展的重要基础,现在我们所依赖的煤、石油和天然气等化石燃料,具有不可再生性,预计将在未来 100 年或稍长的时间内枯竭,全球能源安全面临着严峻的挑战。同时,化石能源的利用也造成了严重的环境污染。因此,寻找清洁的替代能源显得格外迫切。微生物燃料电池便是其中一种选择。微生物燃料电池的思路源自 20 世纪初。1911 年,英国植物学家波特就发现了大肠杆菌和酵母菌能够产生电流,但是相当长的一段时间内,由于其发电量小、成本高,而且需求不迫切,该技术一直得不到发展。但进入 21 世纪以来,人们再次将目光投到了这个领域。

微生物燃料电池的基本结构包括阳极室和阴极室,两者中间以特殊的半透膜隔开。阳极室连接电池的阳极,里面灌满酸碱缓冲液、营养液,生存着产电微生物。阴极室内存在着电子受体溶液,接受穿过半透膜传递来的电子。阳极室中的电子或其他带电粒子穿过两个室之间的半透膜,到达阴极室,形成电流。

产电微生物是这种电池的核心。目前已知的产电微生物有 20 多种。其中,希万氏菌和硫还原地杆菌已经成为研究的模式菌,完成了全基因组测序。其与普通微生物最大的区别在于能将细胞呼吸过程中产生的电子释放到细胞外,同时也能从电子传递中获得能量而生长。

目前,微生物燃料电池已经有了小型化应用,如亨特等人曾用它来驱动马克河中的气象光学浮标,持续供电 7 个月,直到浮标被冰块撞坏。英国科学家甚至设想了未来能够"吃剩饭"的机器人——利用各种剩菜剩饭以及落叶作为机器人的电池"燃料"。微生物的胃口不大,家里的垃圾或许就能养个机器人。同样的道理,废水发电也是科学家期待的领域,如果能借助该技术将污水处理厂变成发电站,那同样是效益巨大的。以我国为例,2010 年废水排放总量为 617.3 亿吨,其中蕴含潜在的电能为 5.15×10^{10} 千瓦时,而我国当年用于废水处理的总耗电量为 4×10^{10} 千瓦时。如果将其潜在电能挖掘出来,不仅能弥补耗电,而且还能反哺电网,变废为宝。此外,微生物燃料电池在制氢以及将大气中的二氧化碳转化成甲烷等燃料气体方面也大有前途。

(摘自《课外语文(上)》2015 年第 7 期,有删改)

阅读点拨

　　本文说明了微生物燃料电池具有可再生性，是清洁能源，能变废为宝的特点。相信未来这些梦想都能变成现实。

航母——移动的"水上城堡"

陈中华　陈　宇

在人们眼中,航母是一座用钢铁堆积起来的庞大而神秘的战争平台。其实,航母更是一座移动的城堡,生活和工作在这一城堡中的人们过着异样而神秘的生活。

世界上最短和最繁忙的跑道

人们脑海中关于航母的战斗场景往往是这样的:海面上,波浪翻腾;甲板上,身着各色马甲的战机勤务人员迅速完成检查、挂弹、加油等一系列工作后,伴随着刺耳的轰鸣声,一架战机冲出跑道,一段低掠之后冲天而起,瞬间没入云层……观察一个庞大的航母战斗群,特别是在空中俯瞰,首先映入眼帘的就是航母上整齐停放的战机以及画有飞机跑道的巨大甲板。远望飞机起飞的平台,足有 4 个足球场那么大。人在这个庞大的平台上显得微不足道,因为就算是连接船锚的锁链其中的一环也足有 160 多千克。

航母甲板的战机跑道绝对称得上是世界上最短、最繁忙的跑道。战机在航母上起降与在陆地跑道上起降有很大不同,在航母上起飞与降落的距离大约一般只有正常跑道的十分之一。

不过,在这块宽大的甲板上工作可并不那么轻松,稍一疏忽就可能酿成惨剧。巨大的气流、机械的故障、线路的问题,任何小疏漏都是致命的。稍有闪失,工作人员还会被气流掀到海里,被进气孔吸进去,飞机也可能碰到他们。因此,在航空母舰上,除了一般的安全要求外,美军方还做了一些特殊规定,如登航母须穿耐磨厚实的粗布裤、长袖衬衫、胶底鞋,禁止在甲板上戴帽子、首饰和容易脱落的物品。37吨重的飞机就在93米长的飞行甲板起降,当喷气发动机点火后,一枚硬币都会造成恶果,它就像子弹一样被抛向甲板,有时会损坏飞机甚至伤及工作人员。在飞行任务开始前,全体船员需要并肩排成一排检查甲板,寻找散落的碎片等物。

"水上城堡"运行的能量

汪洋大海漂浮的孤岛上养活几千官兵,可能比弹射飞机还要困难,为航母上的数千官兵供应食物也就成了一项复杂的工程。

法国"戴高乐"号航母炊事班每天光是面包就要做9 000个。美国"小鹰"号航母上有6个专门储备食品的大型仓库和5个就餐中心。一般来说,当航母离开港口时,舰上储备大约一个月的食物。法国"戴高乐"号航母在设计上自持力为 45 天,舰上有 285 吨储备食物,在中途无补给的情况下,能保证每天的膳食供应。此后,每隔一段时间一艘如同巨型漂流仓库的补给舰,就会与航母在指定的地点会合。在担负作战值班期间,都是由航母战斗群中的补给船运至舰上;或由舰载直升机一集装架接一集装架地运送供给品,直到填满航母的 13 个仓库,这个过程被称作"垂直补给"。

美国"里根"号 4 台蒸汽涡轮机还用于驱动航空母舰电站的发电机,为全舰提供电力。航空母舰所需的淡水由制淡水装置提供,该装置的生产能力达到每天 40 万加仑,相当于陆地上 2 000 个家庭的日用水量。与过去的燃油动力航空母舰不同,核动力航空母舰不需要经常补充燃料,通常情况下,每 15～20 年才需要补充一次核燃料。当然,更换核燃料比起补充燃油困难、复杂得多,需要很长时间,有时可能长达几年;使用核装置也增加了航空母舰服役期间的风险因素,因此除了专门设计的保护结构之外,还配置了严格的监控系统。

（选自《军事史林》2012 年第 2 期）

阅读点拨

本文标题运用比喻的修辞手法,生动形象地突出了航母庞大、坚固和灵活机动的特点。航母是一座移动的城堡,生活和工作在这一城堡中的人们过着异样而神秘的生活。因此,在航空母舰上,除了一般的安全要求外,美军方还做了一些特殊规定。为航母上的数千官兵供应食物也是一项复杂的工程。读完此文,相信你一定对航母有了一些了解。

我 思 我 行

◆ 自主创新是一个民族发展的宝贵财富。 请发挥你的聪明才智，为未来的交通发展提出两点设想。

◆ 当中国人自己的火箭导弹冲上云霄，当中国人乘坐自己的飞船在太空漫步时，炎黄儿女扬眉吐气，热血沸腾。 假如班级召开"征服太空"的主题班会，你是主持人，请设计一段富有诗意和鼓动性的开场白。

◆ 请设计一则"热爱科学"的宣传标语，激励人们关注科学事业。

阅读延伸

◆ **《再冷门的问题也有最热闹的答案》**（科学松鼠会和它的朋友们　著）

　　在这本书里，作者科学松鼠会和它的朋友们一起打造了一位"问不倒先生"Dr. YOU。别小看它，它决不负责回答"人一共有几颗牙齿"这样的简单问题，也不回答"怎么样动心脏手术"这样的专业问题，也不会回答"打呵欠会传染吗"这样被解答过无数次的陈旧问题，它要解决的是——来自我们身处的这个时空中所有的"蛋疼"问题。他们用比科学家还专业的精神，帮你解决所有人都不屑于回答的问题。

◆ **《化学也疯狂》**（尼克·阿诺德　著）

　　了解历史上影响深远、意义重大的实验，探寻古怪科学家的小秘密，在自家的厨房里偷偷搞些见不得人的"化学小秘密"……想解开这些不可议的谜题，成为校园中无可争议的"化学之王"吗？那就来看看《化学也疯狂》吧。

第五单元

畅想未来

在探索科学世界的历程中，有很多的未解之谜。我们探索未来的脚步不会停止，对未解之谜的探索也不会停止。我相信，未来出现在这个世界上的，将不只限于现在的想象。

本单元所选文章都是科普类作品，科普类说明文有很严密的逻辑性，阅读时借助于逻辑常识，可帮助我们理解文意。

人类未来的食品来源——昆虫

王潇锐

昆虫也能供人类当食品吃？

是的。现在墨西哥国立自治大学生物学学院的女教授胡列塔·拉莫斯·埃洛蚀伊正领导着她的动物专业研究小组，研究着将昆虫当食物的课题呢！

其实，早在许多年以前，在那些因地理条件限制，农业生产有困难的地区，如非洲和亚洲的一些国家，人们已经把昆虫作为食物了，有的还作为粮食来吃哩！即使在一些发达国家，如美国，专门商店或饭馆、餐厅里也经常出售用昆虫做的罐头或菜肴，较多见的是蚂蚁、蛾蝶、蛾状毛虫、蜜蜂幼虫、蚕蛹、龙舌兰红囊等。

在墨西哥，人们食昆虫同样是家常便饭。据不完全统计，全国有 9 个州的居民爱食昆虫，所食的昆虫种类多达 57 种，主要的有蚂蚁、直翅目昆虫、甲虫和蝉，甚至包括苍蝇、蚊子、臭虫、黄蜂、白虱、蜻蜓、蝴蝶等。

不过，女教授和她的助手们的研究成果表明：昆虫身上确实含有大量人类维持生命所必需的各种营养物质，甚至比一般动物所含的量还高。以蚂蚁一类昆虫为例，每 100 克含蛋白质为 20.4 克；而 100 克鸡肉和鱼肉所含蛋白质分别是 20.2 克和 18.9 克，100 克蛋类所含蛋白质更少，仅 6.4 克。其他像维生素 B1 和维生素 B2 等，100 克蚁类所含的量也要比 100 克鱼、肉、家禽等所含的量高得多。因此，女教授认为，人类在缺乏其他粮食的情况下，只有昆虫才可作为代用品。换句话说，人类如果有系统地加以利用，那么昆虫定将成为未来可信赖的食品。

（选自《青海科技》2014 年第 6 期）

阅读点拨

食品安全问题一直困扰着人类，可昆虫竟然也能供人类当食品吃，这是否也让你瞠目结舌？本文运用列数字、作比较、举例子的说明方法，具体准确地说明了昆虫身上含有的人类维持生命所必需的各种营养物质，且比一般动物所含的量更高。相信不久的将来，昆虫定会成为人类可信赖的食品之一。

向太空索取能源和资源

李大光

随着世界经济的发展,电力消耗日益增快,能源不足的矛盾相当突出。过分使用煤和石油可能导致地球自然环境被破坏,更大规模发展核电站又担心会构成对人类生命安全的威胁。于是,很多科学家不约而同地想到了太阳能。太阳所释放的能量相当于当前全球所消耗能量的 10 万亿倍。太阳辐射到宇宙空间的能量仅大约二十亿分之一穿过 1.5 亿千米的路程投射到地球上。这能量相当于 173 万亿千瓦的功率,或者说,约等于每秒钟把 550 吨原煤的能量输送给地球,这是多么大的财富呀!

最早提出太阳能卫星计划是在 1968 年,但据初步估计,这个项目需要投入 1 万亿美元左右。造价如此之高,很大程度上是因为宇航员将必须留守在太空,要建造相应的生存设备。如今,机器人可完成这项工作,成本降低为之前的百分之一。

过去 10 年间,日本宇宙航空研究开发机构(JAXA)一直为本国的空间太阳能电站系统(SSPS)提供稳定支持。目前,日本宇宙航空研究开发机构的研究人员将微波和激光看作是传输太阳能的可能选择。如果用聚焦光束传输大量太阳能,太空中的传输天线直径需达到 2 000 米左右,地球上也必须建造一条同等规模或规模更大的接收天线。另一选择就是使用激光。这一选择的优势在于,激光所需的传输和接收设备是微波所需设备的十分之一。另外,激光不存在干扰通信卫星的风险,使用微波却存在这种问题。然而,激光不能像微波那样可以闯过云层,所以说,如果使用激光,那么约半数的射束能量会在中途丢失。

　　总体看来,设想中的空间太阳能发电系统基本上由三部分组成:太阳能发电装置、空间微波或激光转换发射装置和地面接收转换装置。整个过程是一个太阳能→电能→微波或激光→电能的能量转变过程。

　　目前,科学家已经知道,月球和其他行星上存在着大量铁、硅等资源。科学家对从月球上采回的样品进行分析,结果表明:月球表面的尘埃里含有大约 4 亿吨铁、55 种矿物,其中 6 种是地球上从未发现的矿物。另据发现,月球表面还存在有储量为 100 万吨的氦-3 物质。氦-3 是核聚变反应堆的理想原料。如果用氦-3 取代核聚变中的氘,不仅能解决能源危机,还可以大大减少核污染。据称,仅数十吨氦-3 核聚变所产生的能量,就可以满足全球 21 世纪所需要的全部电能。现在氦-3 作为一种重要资源,已引起世界各国特别是一些发达国家的密切关注。

大规模开发空间资源,甚至实现空间居住等大胆设想,已成为世界各国航天活动的主旋律。21 世纪,人类将登上月球或其他小行星去采矿,发射太阳能发电卫星。美国航天界人士预言,在不久的将来,将有在地球与近地轨道之间航行的新型航天货运客机问世,把在太空中生产的新材料运回地面。在未来 30 多年内将可能陆续建成太空港,人类将在月球、火星以及其他一些小行星上居住,建立太空工厂、开矿,发展农业经济。

(选自《百科知识》2015 年第 15 期)

阅读点拨

大规模开发空间资源,甚至实现空间居住等大胆设想,已成为世界各国航天活动的主旋律。本文采用逻辑顺序,说明了人类为什么要向太空索取能源和资源。因为电力消耗日益增大,能源不足的矛盾相当突出;过分使用煤和石油还可能导致地球自然环境被破坏;更大规模发展核电站又担心会构成对人类生命安全的威胁。本文运用准确的数字和鲜明的对比,突出用激光传输太阳能在传输和接收设备方面比用微波有更大的优势。

3D 打印：无所不能的未来

王水平

2012 年 4 月，英国著名杂志《经济学人》报道称"3D 打印将推动第三次工业革命"。2013 年 3 月 1 日，某科技类博客报道，世界首款 3D 打印汽车面世了，它是一款混合动力汽车，绝大多数零部件来自 3D 打印。要注意的是，这不是玩具，而是真正能开上马路的汽车。2013 年 2 月，据英国《每日邮报》报道，英国研究人员首次用 3D 打印机打印出胚胎干细胞，这种干细胞鲜活且有发展为其他类型细胞的能力。研究人员说，这种技术或可制造人体组织以测试药物，制造器官乃至直接在人体内打印细胞。使用 3D 打印技术打印人体器官的另一个好处是，它用的材料是人体细胞尤其是病人的自体细胞，这能减少排斥的可能性。

"打印"这个词本身，在传统意义上是二维（2D）的，本质上是将二维的信息转移到平面上去的过程。但是，任何一个三维的物体，总是能划分成一系列具有有限厚度的二维平面。所以打印三维物体，只需分层进行，每一层与传统意义的打印是一致的，只是每一层的厚度应当远小于三维物体的特征尺寸,再通过打印所用的"油墨"层层粘合并固化。

具体来说,传统的打印是将一份数字文件传送到一台喷墨打印机上,打印机将一层墨水喷到纸的表面以形成一幅二维图像。而在 3D 打印时,配套的软件把存储在电脑上的物体 3D 立体图进行一系列数字切片,并将这些切片的信息传送到 3D 打印机上,后者会将连续的薄型层面堆叠起来,直到一个固态物体成型。3D 打印机与传统打印机最大的区别在于它使用的"墨水"是实实在在的原材料和特殊的胶水。

事实上,3D 打印属于快速成型技术的一种,它的专业说法应该是"增材制造"技术,包括快速原型制造技术和高性能金属构件直接制造技术两大类。现在媒体报道的 3D 打印制造技术,主要是指快速原型制造技术。这项技术在 20 世纪 80 年代就开始发展起来了,主要制造由树脂、石蜡、陶瓷等材料组成的尺寸较小的原型样件或模型,这些原型样件原则上不能直接用于装备制造,但可以缩短新产品研制周期,降低产品研发和制造成本。

3D 打印的价值开始显现在想象力驰骋的各个领域。从模具制造、医疗、军事、汽车、建筑等行业,到航空航天、生物工程、食品加工、3D 电影及动漫等行业,人们利用 3D 打印为自己所在的领域贴上了个性化的标签。但 3D 打印还面临着许多技术上的挑战,其中最难解决的就是材料问题。3D 打印的一切优点都建立在可打印材料的选择范围足够多的前提之上。

　　但是,这个万能制造机在满足人们各种各样的个性化需求的同时,也会不可避免地带来麻烦。枪械机件的数码模型是十分容易传播的,也许一个文件装入 U 盘就能让万能制造机制造出极具杀伤性的武器,这着实会让人大捏一把冷汗;彩色复印机解决不了的防伪问题,3D 打印轻而易举就"打印"实现了,随之而来的将是赝品的泛滥。

　　也许,3D 打印机的魅力,就在于你确定它会引发颠覆,却不知道具体是颠覆什么。

　　　　　　　　　　　(节选自《光明日报》,2013 年 3 月 13 日,有删改)

阅读点拨

　　本文把 3D 打印与传统打印机进行比较,突出 3D 打印在"每一层"上的工作原理与传统打印机是一致的特点;运用作诠释的说明方法,解释"打印"在传统意义上的特点,是二维平面的移动,简要地介绍了打印三维物体的原理;运用打比方的说明方法,将 3D 打印所用的"原材料和特殊胶水"比作传统打印机的"油墨",直观通俗地说明了 3D 打印原材料和胶水的特点。也许,3D 打印机的魅力,就是颠覆了传统打印。

人造太阳

何 平

前不久，一条新闻引起了全世界的关注：中国科学院等离子体物理研究所研制的"人造太阳"调试成功，年内即可试制发电。

"人造太阳"？难道真要在地球上造一个太阳？当然不是！"人造太阳"是指科学家利用太阳核反应原理，为人类制造一种能提供能源的机器——人工可控核聚变装置，科学家称它为"全超导托克马克试验装置"。

太阳的光和热，来源于氢的两个同胞兄弟——氘和氚（物理学中叫氢的同位素）在聚变成一个氦原子的过程中释放出的能量。"人造太阳"就是模仿这一过程。

氢弹是人们最早制造出的"人造太阳"。但氢弹的聚变过程是不可控的，它瞬间释放出的巨大能量足以毁灭一切。而"全超导托克马克试验装置"却能够稳定控制核聚变，使聚变产生的能量缓缓输出，转化为人们可持续使用的电能。

核聚变反应的首要条件是高温高压。太阳中心的温度高达1 500万摄氏度，压强达到3 000多亿个大气压。在这样的高温高压下,太阳的聚变反应非常容易。但在地球上可不容易,因为用任何一种材料制作的容器都无法耐受这样的高温高压。

怎么办?科学家们想到了用磁场做容器。从氢弹爆炸至今,科学界经过了 60 年的努力,目前已成功地在磁场容器中将温度提高到 4 亿～5 亿摄氏度,然后投入氘、氚产生聚变反应。但由于很难把这种高温长时间维持下去,所以全世界 30 多个国家上百个实验装置的聚变放电时间都很短。少则几秒,长的也不过数百秒。我国从 1965 年开始研究"人造太阳",如今已能使放电时间持续千秒以上。

所以,科学家说,核聚变电站投入民用至少要再等上 50 年时间。但等待是值得的!现在地球上的石油、煤炭等化石能源最多可用 200 年时间,其中石油不足 50 年。即使目前核裂变电站使用的铀燃料,全世界也只能再开采 60 年。用这些材料做能源还有个致命弱点——环境污染!

相反,氘和氚却是清洁能源,空气中就有氘和氚,所以不用担心聚变反应会产生废气、废渣和放射性污染等问题。有人担心核聚变电站爆炸,但科学家说,聚变在磁场中进行,维持温度已很不易,只要稍微马虎,温度就会降下来,聚变就停止了,因此爆炸的可能性是零。

氘和氚是取之不尽、用之不竭的能源。世界海洋中大概蕴藏了 40 万亿吨氘。如果全部用于聚变反应，释放的能量足够人类使用几百亿年，这比太阳的寿命还要长。

（选自《时事》2006 年第 6 期）

阅读点拨

"人类可以制造一个太阳来产生光和热吗？"早在 20 世纪 50 年代，一个高中学历的苏联年轻少尉就提出了这个问题。当初这个勇敢的"空想"或将在 21 世纪中叶变为现实。本文采用逻辑顺序，说明了"人造太阳"是指科学家利用太阳核反应原理，为人类制造一种能提供能源的机器——人工可控核聚变装置，科学家称它为"全超导托克马克试验装置"，并说明"人造太阳"能够稳定控制核聚变，使聚变产生的能量缓缓输出，转化为人们可持续使用的电能的特点。

会呼吸的建筑

吴旭阳

仿生建筑的类型十分丰富。结构式仿生建筑,其建筑就像动物的骨骼一样,拥有最优的力学性能和结构体系,能够有效地减少材料的用量。表皮式仿生建筑所使用的建筑围护材料就像动物的皮肤一样,拥有防寒、透气、不透水等多重特性,而且可随着外界气候条件的变化来改变表皮的透光、保温特性,从而创造出舒适的室内环境。功能式仿生建筑的构件能够像生物的毛细血管一样运作,可以调节温度、控制室内空气的流速和流向,而且相对于普通的空调系统,大大降低了材料使用成本。如果一个建筑同时符合上述的两点或三点,则统称为复合式仿生建筑。

仿生建筑源于自然又回归自然,每一类仿生建筑都别具一格。人处其中,能够感受到大自然的气息。它们当中,有的能够像向日葵一样旋转,有的能够像仙人掌一样开花,有的能够像盛开的马蹄莲一样迎风招展。

向日葵式的仿生建筑能够跟踪太阳的方向进行旋转。房子的旋转是根据太阳在天空中的方位进行的,早晨朝东,黄昏朝西。且太阳落山以后，控制程序会让房子自动恢复到初始状态。这样的设计能使位于屋顶的太阳能电池板以最大日照角度对准太阳。建筑物四周的太阳能集热器也能面对直射的阳光，以获取更多的太阳能。此外，"向日葵建筑"旋转的动力全部来自自身的"光合作用"，即由屋顶的太阳能光电板和小型太阳能电动机提供动力，十分节能。

仙人掌一般生长在干旱的沙漠里，每次降雨，仙人掌都会竭尽全力地吸收和储存水分。城市"仙人掌建筑"也是如此，大面积的户外阳台就是它们吸收和储存能量的"凸起"和"刺"。住户们将各种植物种植在自己的阳台上，整个建筑就像是一座小型的光合作用工厂，能够吸收城市中的有害气体，并且释放新鲜的氧气，缓解城市的"热岛效应"，为住户提供清新、优雅的居住环境。

花梗是马蹄莲的中轴部分，它除了是结构主体，还作为整株植物的能量传送带，使水分、养分及时地在根、花、果之间传送。"马蹄莲建筑"的塔楼作为整支"马蹄莲"的花梗，在其底部设有集热棚，利用温室效应加热空气，通过中心烟囱的内部气流，将热量源源不断输送给整座建筑。此外，塔楼的表面并不平整，像折过的纸一样，这样能够保证经过气流的最大化，从而最大限度地利用风能。而且，为了提高顶部风力发电机组的效率，"花"被设计成双弧形界面，可将风速提高为环境风速的 4 倍。当风吹过,"马蹄莲建筑"就会迎风招展,呈现出蓬勃的生机。

(选自《中学生阅读(初中版)》2015 年 7 月)

阅读点拨

仿生建筑的类型十分丰富,各不相同,本文将其分为结构式仿生建筑、表皮式仿生建筑和功能式仿生建筑来介绍。它们不仅拥有与生物相仿的优美外形,而且还像自然界的生物一样"呼吸",努力地适应环境。它们本身拥有无与伦比的生命力和创造力,大大缩短了人与自然之间的距离,无时无刻不唤起人们对于自然的向往和生命的渴望。

人体器官有可能自愈吗？

胡宇齐

　　自愈，顾名思义是自己愈合之意。自愈能力是人体修复自身缺损、维持生命健康的能力。有些自愈能力是人体原本就具有的，依靠遗传而获得。而科学家所要追求的是，在人体器官出现病变时，以科学手段遏制病变，使器官自己恢复到正常状态。

　　美国科学家在实验室中的小白鼠身上发现了一种可快速修复组织的特殊基因。就因为携带了这一基因，本来会长出肿瘤的小白鼠摆脱了"宿命"，不仅没有患上癌症，反而生长迅速，体格健壮。这一发现令科学家们大为振奋。在此之前，这种特殊的基因被认为通常只能在发育的胚胎中起作用，在成年生物体中则会丧失活性。

　　"激活"衰老的细胞，重启它们的生长机能，这样的研究并非刚刚出现。在此之前，这个领域最重大的突破就是培育出诱导多功能干细胞。但新发现的这种特殊基因则更加强大，它在成年生物体中也能增强组织的修复能力。如果把生病的人体比作一台感染病毒的电脑，诱导多功能干细胞所起的作用就像磁盘格式化,即将所有的数据全部清空,一切从生命最初发育的阶段开始;而新发现的这种特殊基因则像杀毒软件,清除病毒但不丢失已有数据,保持电脑的正常运行。这就是说,已经成年的生物体,也能以此来修复自身组织器官的损伤。

这种特殊的基因是如何发挥作用的呢?我们的身体是通过基因调节来认知自己正处于哪个生长阶段的,这种特殊基因类似于一个调节器,它可以让体内的基因误以为机体处于更年轻的状态,从而使衰老或病变的组织器官的生长机能再次被激活,完成自身修复。

除此之外,科学家还从人体神经系统调节方面进行了器官自愈的研究。他们研制出了一种微型植入器,把它植入人体,让它来监控并促进器官自愈。

人体的各个器官都不是各自孤立的,而是在神经系统的调节控制下,相互作用,密切配合,从而使人体成为一个统一的有机体,实现正常的生命活动。微型植入器正是利用了这一原理,在被植入人体后,它会监控人体器官的健康状况,一旦探测到某个器官受到病毒感染、出现损伤或者变得衰弱时,它便刺激神经系统,通过人体的神经系统调节使这个器官自己恢复健康,再度正常工作。

虽然这一研究目前还处在实验阶段,但展现出了诱人的前景。许多难以治疗的疾病可以通过神经系统调节得到更有效的治疗，微型植入器或许能从根本上改变医生诊断治疗的方式，取代对药物治疗的依赖。

　　科学发现让前景乐观起来，然而，要让神奇的科学之光照进现实，道路还很漫长。但这些都不会阻碍科学前进的脚步，相信不久的将来，人体器官自愈将不只是个梦想。

（选自《中学生阅读初中·中考》2016 年第 9 期）

阅读点拨

　　梦想照亮未来，人体器官自愈将不只是个梦想。本文采用逻辑顺序，运用打比方、作比较的方法，把生病的人体比作感染病毒的电脑，把诱导多功能干细胞所起的作用比作磁盘格式化，把可快速修复组织的特殊基因比作杀毒软件，并将两者进行比较，生动形象地说明了这种特殊基因作用更强大，能在成年生物体中增强组织器官的修复能力。在有关"人体器官自愈"的研究中，科学家发现了这种特殊基因在成年生物体中也具有活性；研制出一种微型机器人，让它监控并促进器官自愈。相信不久的将来，人体器官自愈即将到来。

人类的火星梦

莫　眱

　　遨游宇宙空间，是人类的梦想。进入航天时代以来，人们已不再满足于天文观察和探索外星生命，而是开始有计划地了解外星生存空间，为人类开辟新的疆土。

　　火星是地球的"近邻"。谈到火星，人们最关注的就是火星上有没有生命存在。天文学家们对火星进行了多方面的研究，特别是近 30 多年来，多种空间探测器对火星展开逼近、环绕和着陆探测，初步揭开了火星的一些秘密。虽然现在还没有证据显示火星现在或过去存在生命，但也没有找到任何证明生命不存在的东西。这说明未来将有可能实现人类的火星梦，到火星上去生活。尽管火星比月球远得多，但随着对火星的不断了解，人们对未来定居火星的期望值越来越高。

　　火星、水星、金星、土星与地球一样，同处离太阳较近的温暖地带，且都主要由适合人类居住的岩石类物质构成。但它们之中，水星太冷，金星和土星太热，只有火星上可能存在生命的必要条件——水。这样一来，这几颗行星就被科学家们"打入冷宫"。与月球相比，火星大得多，足够人类立足，而且，月球最大的缺陷是没有氢、氮、碳这三种生命元素。

火星上也有冰霜覆盖的南极和北极，由二氧化碳气体冻结而成。火星的土壤表面覆盖着氧化铁，因而火星看上去是红色的。火星上也有稀薄的大气，其中95％是二氧化碳，以及少量的氢气、氧气等生命元素。尽管火星比地球寒冷，经常狂风肆虐，而且看上去无限荒凉，但它包含所有元素，因此是与地球生存环境最相近的太阳系行星。

世界上许多科学家在研究火星的同时提出了把这个荒芜的星球变为适于人类居住的各种设想。火星的平均温度为－60℃左右，如果在火星轨道上放置一些太阳反射镜，就可以使火星表面温度增高。在火星上建一些能够产生温室效应的气体和臭氧的工厂，它的周围就会罩上一层厚厚的、温暖的二氧化碳，它们是培植简单生命体的必要因素。

完成这些任务后，火星并非马上就能产生生命体，因为它们生长所必需的氧气和水还需要我们去"制造"。在人类登上火星后，可以携带一些细菌到火星上，使它们能吸收二氧化碳，释放氧气，产生绿色植物需要的最低限度的氧气，一步步创造出复杂生命能够生存的环境。据此，科学家计划着在火星上种草、种树。不过即使真能实现这个设想，火星上首先出现的绿色植物也不会是草和树木，可能仅仅是一些藻类、苔藓，然后是极地冻原。

　　尽管美国航空航天局和它的热心支持者们似乎已经把火星当成了人类的第二家园，但不少有识之士却为火星探险找到了一个完全相反的理由：了解了火星就应该更好地建设地球。移居火星并不是人类的必然命运，因为这不能让人类逃避人口过剩和生态恶化的局面。看一看火星的荒凉、寒冷、狂风和稀薄大气，那些还在不停破坏地球生态的人们早日醒悟吧！与其花巨资跑到一个生存环境十分恶劣的地方，为什么不把钱用来改善依然肥沃的地球生态呢？

阅读点拨

　　火星是与地球生存环境最相近的太阳系行星。根据是什么？本文说明火星具有许多与地球相同或相近的地方：同处离太阳较近的温暖地带；都主要由适合人类居住的岩古石类物质构成；可能有水，也有冰霜覆盖的南极和北极；有大量的二氧化碳，少量的氧气和氢气。但移居火星并不是人类的必然命运，共同保护地球家园才是最重要的。

我 思 我 行

理解感悟

◆ 读完《人类未来的食品来源——昆虫》一文，你认为昆虫会是人类未来食品的主要来源吗？食用昆虫对人类有哪些好处？

◆ 你认为未来还将会出现什么样的仿生建筑呢？ 请写出来并指出其原理或功能。

实践拓展

◆ 每年的 6 月 5 日是世界环境日，结合所学知识，以"海洋存亡，匹夫有责"为主题，写一篇演讲稿。

◆ 随着人类太空探索的不断深入，太空环境所发生的变化对雄心勃勃的人类提出了新的挑战。 假如你是这一领域的首席科学家，将如何应对这一"挑战"？动笔大胆写一写你的设想。

《进化之谜》（菲尔·盖茨　著）

进化是一个史诗般的冒险故事，它的规模之大，就连好莱坞的导演们都不能表述。 这个故事中有灾难、奇迹、恶霸、英雄、恐怖，有时还穿插着一两个不错的阶段性结局。 进化就是这么神奇，令人难以置信。 读过此书以后，或许你再也不会觉得生物课是乏味无趣的了。

《生命的多样性》（爱德华·威尔逊　著）

本书是英美国家畅销科普图书，由美国著名博物学家爱德华·威尔逊（两次荣获美国普利策奖）所著。 威尔逊教授所描述的生命多样性其科学可信之处在哪？ 生命多样性的范围有多大？ 是什么使这种多样化逐渐减弱？ 作者用生动的、非教科书式的、诗一般的语言回答了上述问题。

第六单元

科幻之旅

　　科学技术代表了人类理性精神的最高成就，科技的发展一日千里，人类的生活日新月异。科学是神奇的，科学是美丽的。科学的海洋广袤而奇妙，让我们共同来关注科学技术的发展，在已知的领域里尽情地游弋，在未知的世界中大胆的探索。泛舟科海，会给我们带来无限的惊喜。

　　本单元所选的文章都是科幻小说。科幻小说是以一种特殊的幻想方式反映人们在生活中所遇到的各种现实难题和生存困境的文学。阅读科幻小学，要注意科幻小学的创意，提高创造性思维能力。

时间机器（节选）

[美]赫伯特·乔治·威尔斯

我站在那里思索着人类这一过于完美的成功。一轮满月从东北方的银辉中升起，欢快的小人不再在山下面来回走动，一只猫头鹰悄然地飞驰而过。我在夜晚的寒冷中瑟瑟发抖，于是决定下山去找个睡觉的地方。

我寻找我熟悉的那幢建筑。这时我的视线落到铜座基上的白色斯芬克斯像上。塑像在渐渐明亮的月光下越来越清晰可辨，我可以看清靠着它的那棵纸皮桦。杜鹃花缠绕在一起，在银色的月光下变成黑乎乎的一团，还有那片小草坪。我又瞅了瞅那片草坪，一种难言的疑惑油然而起，我的心都凉了。"不，"我勇敢地对自己说，"不是这块草坪。"可就是这块草坪，因为斯芬克斯像生麻风病似的白脸是朝着它的。你们能想象我再次确信草坪没有搞错时的感受吗？你们肯定不能。时间机器不见了！

像脸上猛挨了一鞭，我可能会就此失去自己的时代，被孤立无援地抛弃在这个陌生的世界里。想到这里，我浑身发抖，感到自己的咽喉给卡住了，透不过气来。我顿时惊慌失措,大步朝山下冲去,下冲时摔了个倒栽葱,把脸都划破了。我顾不上止血包扎,跃起身继续往下跑,热乎乎的鲜血顺着脸颊和下巴朝下流。我一边跑一边对自己说:"他们只是把时间机器搬动了一下,把它放到路边的灌木丛中了。"可我的两只脚还是拼命奔跑。极度的恐惧往往使人头脑清醒,一路上我也完全清楚,这样的自我安慰是愚蠢的,我的本能告诉我时间机器已经到了我找不到的地方。我感到呼吸困难,想从山顶跑到这块草坪,2英里(约3.2千米)的路我大概只用了10分钟的时间。我已不是年轻人,可我一边跑一边还在浪费力气,大声诅咒自己愚蠢,竟信心十足地留下了时间机器。我大声呼喊,可听不到一声回音。月光下的天地里,似乎没有任何生命在活动。

来到草坪前,我最担心的事情成了现实。时间机器已无影无踪。我面对黑乎乎的灌木丛中的这片空旷地,头晕目眩,浑身冰凉。我绕着草坪拼命跑,好像时间机器就藏在哪个角落里,接着又突然停住脚步,两手紧揪头发。铜座基上的斯芬克斯像俯视着我,那张麻风病似的脸在月色下显得又白又亮,它仿佛在嘲笑我的沮丧。

如果不是我觉得这些小人缺乏体力和智力的话,我一定会想象他们把我的时间机器放到了有遮挡的地方并以此来安慰自己。可让我沮丧的是,我感到这里有某种未知的力量,我的发明物就是在它的影响下消失的。然而,有一点我是确信无疑的:除非别的某个时代有它的复制品,否则这台时间机器是不会在时间里随便运动的。机器上的杠杆——我已示范给你们看——可以防止任何人移动机器时在上面做手脚。如果说机器移动了位置并且被藏了起来,那它只会被藏在空间里。可到底会在什么地方的空间里呢?

我想我当时一定有点发疯了。我记得我绕着斯芬克斯像在月光下的灌木丛里冲进冲出,把一只白色的动物吓了一跳,在昏暗的月光下我以为是一只小鹿。我还记得,那天深夜我用拳头挥打灌木丛,直到我的指关节在断树枝上被划得鲜血直流。之后,我痛苦万分,哭着骂着来到那幢巨大的石砌建筑里。大厅里黑幽幽的,无声无息,我在高低不平的地面上一滑,跌倒在一张石桌上,差点把我的小腿摔断。我划亮一根火柴,走过积满灰尘的窗帘,这窗帘我已跟你们讲过。

走过去时我又发现了一个大厅,里边铺满了垫子,有20多个小人睡在垫子上。我这次是从寂静的黑暗中突然出现的,嘴里叽里咕噜,手中还"啪"地划亮了一根火柴。我肯定他们一定觉得我这第二次出现十分奇怪,因为他们忘记了我有火柴这玩意儿。"我的时间机器在哪里?"我像个发火的孩子大叫大喊,双手抓住他们把他们全都摇醒了。他们一定觉得我这样做难以理解,其中有的人笑了,大多数人却显得极为恐惧。他们围到我身旁时，我意识到在这种情况下我这样做简直是愚蠢至极，只会恢复他们的恐惧感。因为从他们白天的行为分析，我认为他们已不再怕我。

（节选自《时间机器》，李阳梅等译，四川文艺出版社 2013 年版）

阅读点拨

《时间机器》是世界科幻小说史上第一部以时间旅行为题材的科幻小说。本书运用某种近乎恐怖的手法和错综复杂的情节，讲述了一个震撼人心的感人故事。故事主人公"时间旅行者"乘着自制的时间机器穿越到未来的公元802701年。这时的世界产物富饶充裕，人类被划分成了两种截然不同的生物：一种是娇小脆弱的埃洛伊人，悠闲地生活在地面上的豪华宫殿中；另一种是粗野、形如狐猴的莫洛克人，生活在黑暗的地下世界，整日在隆隆的机器旁劳作，养肥埃洛伊人供自己食用。

神秘岛（节选）

〔法〕儒勒·凡尔纳

"我们又在往上升吗？"不是，我们在往下降！"史密斯先生，不是在下降，是在往下坠落！""天哪！快把压舱物扔下去！""最后一袋都倒空了！""气球上升了吗？"没有！""我仿佛听到有波浪拍击的声音！""吊篮下面就是大海！""距离我们顶多只有 500 英尺（1 英尺≈0.3 米）！""把所有的重东西全部扔下去……所有的重物！"

这就是 1865 年 3 月 23 日下午 4 点光景从这片浩渺的太平洋上空传出的话语。

那年春分前后，从东北方刮来一场令人难忘的风暴。从 3 月 18 日起，大风暴片刻未见止息，一直刮到 3 月 26 日。风暴从北纬 35 度斜穿赤道，直吹至南纬 40 度，扫过 1 800 英里（1 英里≈1.6 千米）的广阔地域，给美洲、欧洲和亚洲带来了巨大的灾难。城市被毁，树木被连根拔起，堤岸被滔天巨浪冲垮。据统计，被海浪抛到岸上的船只就高达数百艘。许多地方被夷为平地。陆地上和海上的死亡人数达数千。这就是这场大风暴所犯下的罪行。1810 年 10 月 25 日的那场灾难,以及 1825 年 7 月 26 日瓜德罗普的灾情,与之相比,算是小巫见大巫了。

与此同时,在不平静的空中,也同样上演着一场令人丧魂落魄的悲剧。

一只氢气球被卷进一股气流的旋涡中,以每小时 90 英里的速度掠过空中,仿佛天空中有一股大气在转动它,使之不停地转动着。

气球下面挂着一只吊篮,在剧烈地摆动着。吊篮里有 5 个人,由于雾气弥漫,看不清他们的模样。

这只被大风暴玩弄着的气球来自何方? 是从地球的哪个角落升起的? 可以肯定,它绝不是风暴骤起时升空的。可是,这场大风暴已经连续刮了 5 天,而且,3 月 18 日那天,风暴即将来临的征兆已经显现了。毋庸置疑,气球是从遥远的地方飞来的,因为风暴一昼夜能将它吹走 2 000 英里。

这 5 位迷航的人已不知自己自飞行时起,共飞了多少里程。但说来也怪,他们虽身处暴风之中,却安然无恙。不过,吊篮在急速下坠,他们已经意识到危险迫在眉睫。他们坐立不稳,被吹得东倒西歪,转来转去,但是,蹊跷的是,他们却并没有感觉到自己在转动,而且也不觉得颠簸得厉害。

他们的目光看不到浓雾掩盖着的东西。周围一片都黑雾茫茫,连白天和黑夜都分辨不清。他们飘浮在高空,看不见陆地上的光亮,也听不见陆地上的人声兽鸣,甚至连汹涌澎湃的海涛声都听不见。只是当吊篮在往下直落的时候,他们才感觉到自己危在旦夕。

在他们扔掉枪支弹药、食物之后,气球倒是上升到4 500英尺的高度了。吊篮中的人见下面是大海,觉得还是在上面飘浮着危险要小得多,所以便尽可能地往外抛东西,以减轻气球的载重量,防止下坠。连最有用的东西也扔掉了,同时还想方设法不让气球漏气,这可是他们保命的氢气,绝对不能让它漏掉哪怕一丁点儿。

黑夜总算过去,胆小者恐怕早已被吓死了。白昼来临,暴风在渐渐变弱。从3月24日那天的清晨起,风势就出现了减弱的迹象。黎明时分,一片片的浮云在往高处飘飞而去。几小时之后,暴风止息,变为强风,大气流动速度减弱了一半。这时,虽然仍旧是水手们所说的那种"紧帆风",但风势还是减弱了。

大约11点光景,下层空气变得明朗,散发出的是那种雷雨过后的湿润气息。这时,暴风好像不再往西边刮了。但它是否会像印度洋上的台风,说来就来,说走便走呢?

可正在这时候,气球却在渐渐地下降,像是逐渐地在瘪下去,由球形变成了椭圆形。中午时分,它离海面只有2 000

英尺了。气囊能容纳 5 万立方英尺的气体,这么大的容气量,使之能长时间地停留在空中,或向上空升起,或保持平行飘动,可以长时间地停留在空中。

乘客们为防止继续下坠,把最后的一些东西——少量的存粮及其他物品——扔了出去。但这也只能维持一段时间,若天黑前再见不着陆地,他们肯定是坠入海底,葬身鱼腹了!

其实,在他们的下面,既无陆地,也无海岛,只是一片汪洋,他们无法着陆,也无法固定住气球。

大海茫茫,无边无际,波涛汹涌,不见一块陆地,看不到一艘船只。即使居高临下,视野半径可及 40 英里,也仍然见不到海的尽头。这时流动的平原,被暴风无情地鞭打着,掀起浪花无数,好似万马奔腾。大家使出浑身解数在阻止气球下坠,但无济于事。气球继续在下坠,顺着东北风急速地向西南边飘去。

（节选自《神秘岛》,陈筱卿译,作家出版社 2016 年版）

阅读点拨

《神秘岛》是法国著名科幻小说家儒勒·凡尔纳的三部曲之一,叙述美国南北战争期间,5 名北军俘虏乘坐气球,从南军大本营里出逃的故事。他们在途中遭遇风暴,被抛到南太平洋一个荒无人烟的小岛上。这些落难者依靠自己的智慧和过人的毅力,克服了种种困难,不仅顽强地生存了下来,还把小岛建设成一个繁荣富庶的乐园。小说将现实和幻想结合起来,情节跌宕起伏,充满了对奇异多姿的自然界的描写,作品洋溢着乐观主义精神,深信人类无穷的创造力和科学的巨大力量将使人类建立起一个理想的社会。

天 使 时 代

刘慈欣

对桑比亚国的攻击即将开始。

执行"第一伦理"行动的三个航空母舰战斗群到达非洲沿海已 10 多天了,这支舰队以"林肯"号航母战斗群为核心在海上展开,如同大西洋上一盘威严的棋局。

此时天已经黑了下来,舰队的探照灯集中照亮了"林肯"号的飞行甲板,那里整齐地站列着上千名陆战队员和海军航空兵飞行员,站在队列最前面的是"第一伦理"行动的最高指挥官菲利克斯将军和"林肯"号的舰长布莱尔将军。前者身材颀长,一派学者风度;后者粗壮强悍,是一名典型的老水兵。在蒸汽弹射器的起点,面对队列站着一位身着黑色教袍的随军牧师,他手捧《圣经》,诵起了为这次远征而作的祷词:

"全能的主,我们来自文明的世界,一路上,我们看到了您是如何主宰大地、天空和海洋,以及这世界上的万种生灵,组成我们的每一个细胞都渗透着您的威严。现在,有魔鬼在这遥远的大陆上出现,企图取代您神圣的至高无上的权威,用它那肮脏的手拨动生命之弦。请赐予我们正义的利剑,扫除恶魔,以维护您的尊严与荣耀,阿门——"

他的声音在带有非洲大陆土腥味的海风中回荡,令所有的人沉浸在一种比脚下的大海更为深广的庄严与神圣感之中,在上空纷纷飞过的巡航导弹火流星般的光芒中,他们都躬下身来,用发自灵魂的虔诚合道:"阿门——"

自人类基因组测序完成以后,人们就知道飞速发展的分子生物学带来的危机迟早会出现,联合国生物安全理事会就是为了预防这种危机而成立的。生物安理会是与已有的安理会具有同等权威的机构,它负责审查全世界生物学的所有重大研究课题,以确定这项研究是否合法,并进而投票决定是否中止它。

今天将召开生物安理会第 119 次例会,接受桑比亚国的申请,审查该国提交的一项基因工程的成果。按照惯例,申请国在申请时并不需要提及成果的内容,只在会议开始后才公布。这就带来了一个问题:许多由小国提交的成果在会议一开始就发现根本达不到审查的等级。但各成员国的代表们却不敢轻视这个非洲最贫穷的国度提交的东西,因为这项研究是由诺贝尔奖获得者、基因软件工程学的创始人伊塔博士做出的。

伊塔博士走了进来,这位年过 50 的黑人穿着桑比亚的民族服装,那实际上就是一大块厚实的披布,他骨瘦如柴的身躯似乎连这块布的重量都经不起,像一根老树枝似地被压弯了。他更深地躬着腰,缓缓地向圆桌的各个方向鞠躬,他的眼睛始终看着地面,动作慢得令人难以忍受,使这个过程持续了很长时间。印度代表低声地问旁边的美国代表:"您觉得他像谁?"美国代表说:"一个老佣人。"印度代表摇摇头,美国代表看了看他,又看了看伊塔,"你是说……像甘地?哦,是的,真像。"

本届生物安理会轮值国主席站起来宣布会议开始,他请伊塔在身旁就座后说:"伊塔博士是我们大家都熟悉的人,虽然近年来深居简出,但科学界仍然没有忘记他。不过按惯例,我们还是对他进行一个简单的介绍。博士是桑比亚人,在 32 年前于麻省理工学院获计算机科学博士学位,而后回到祖国从事软件研究,但在 10 年后,突然转向分子生物学领域,并取得了众所周知的成就。"他转向伊塔问:"博士,我有个问题,纯粹是出于好奇。您离开软件科学转向分子生物学,除了预见到软件工程学与基因工程的奇妙结合外,是否还有另一层原因? 是对计算机技术能够给您的祖国带来的利益感到失望吗?"

"计算机是穷人的假上帝。"伊塔缓缓地说,这是他进来后第一次开口。

"可以理解，虽然当时桑比亚政府在首都这样的大城市极力推行信息化，但这个国家的大部分地区还没有用上电。"

当分子生物学对生物大分子的操纵和解析技术达到一定高度时，这门学科就面对着它的终极目标：通过对基因的重新组合改变生物的性状，直到创造出新的生物。这时，这门学科将发生深刻变化，将由操纵巨量的分子变为操纵巨量的信息，这对与数学仍有一定距离的传统分子生物学来说是极其困难的。直接操纵4种碱基来对基因进行编码，使其产生预期的生物体，就如同用0和1直接编程产生 WINDOWS—XP一样不可想象。伊塔最早敏锐地意识到了这一点，他深刻地揭示出基因工程和软件工程共同的本质，把基础已经相当雄厚的软件工程学应用到分子生物学中。他首先发明了用于基因编程的宏汇编语言，接着创造了面向过程的基因高级编程语言，被称为"生命 BASIC"；当面向对象的基因高级语言"伊甸园＋＋"出现时，人类真的拥有了一双上帝之手。

这时，人们惊奇地发现，创造生命实际上就是编程序，上帝原来是个程序员。与此同时，程序员也成了"上帝"，这些原来混迹于硅谷或什么技术园区的人纷纷混进生命科学行业来，他们都是些头发蓬乱、衣冠不整的毛头小子，过着睡两天醒三天的日子，其中有许多人连有机物和无机物都分不清，但都是性能良好的"编程机器"。有一天，项目经理把一个光盘递给一位临时招来的这样的"上帝"，告诉他光盘中存有两个未编译的基因程序模块，让他给这两个模块编一个接口程序。谈好价钱后，"上帝"拿着光盘回到他那间闷热的小阁楼中，在电脑前开始他那为期一周的创世工作。他干起活来与上帝没有任何共同之处，倒很像一个奴隶。一周后，他摇晃着从电脑前站起来，从驱动器中取出另一块拷好的光盘，趟着淹没小腿的烟蒂和速溶咖啡袋走出去，到那家生命科学公司把那个光盘交给项目经理。项目经理把光盘放入基因编译器中，在一个球形透明容器的中央，肉眼看不见的分子探针精巧地拨弄着几个植物细胞的染色体。然后，这些细胞被放入一个试管的营养液中培养，直至其长成一束小小的植株，后来这个植株被放入无木栽培车间，长成树苗后再被种进一个热带种植园，最后长成了一棵香蕉树。当第一串沉重的果实从树上砍下后，你掰下一个香蕉剥开来，发现里面是一个硕大的橘瓣……

（节选自《未来边缘——刘慈欣佳作选》）

阅读点拨

自人类基因组测序完成以后，人们就知道飞速发展的分子生物学带来的危机迟早会出现……桑比亚的伊塔教授为了创造出宇宙共产、超大同世界而努力。作者描写了光怪陆离的未来社会中人类所面临的困境，并指出造成社会危机的原因一部分是因为人性的贪婪，一部分是因为不合理的发展方式。文中提出的种种匪夷所思的解决方案中，隐含着作者对道德、责任、情感等诸多问题的反思。

传 说 复 活

王晋康

　　我们团坐在银杏树下，商量明天的行动。当然，要先做好准备，要带上手电、干粮，我家的傻瓜相机要带上。要准备两把猎刀——万一遇见什么野物怎么办？万一所谓的神龙只是我们见过的那条长蛇怎么办？五六年没见，它一定长得更长了，两把猎刀不一定能对付呢。英子有点临事而惧，她不好意思打退堂鼓，只是低声问："龙吃人不吃人？"我说："传说中倒是有吃人的恶龙，不过你别怕，明天我站前边，吃人先吃我，百八十斤的，肯定能管它一顿饱了。"黑蛋说："你们别胡说，这条龙不管是不是传说中的神龙，反正是一条善龙，它已现身3个月了，除了吃庙里的贡品，连鸡呀羊呀都没糟蹋过一只。"

　　英子抬头看看黑蛋，想说什么，又闭上了嘴。我敏锐地发觉她的异常，便撺掇她："英子，你有什么话尽管说，黑蛋和神龙都吃不了你。"黑蛋也不耐烦地说："有啥你尽管说嘛，女孩子家真是麻烦。"英子迟疑地说："今早听刘二奶说，神龙吃了回龙沟陈老三家的羊娃。"

"就是刚才在这儿的那个庙祝?"

"对,就是他家。"

黑蛋把头摇得像拨浪鼓:"你信?龙崽你信不信?你们想想,神龙每天有这么多食物,吃都吃不完,干吗还要去吃羊娃?"

英子说:"噢,对了,刘二奶说神龙把羊娃咬死了,没吃。"

"全是诬蔑!谁看见的?看清了没有?一定是哪头豹子干的,赖到神龙身上。"

我说:"可惜刚才没问问陈三伯,看他的表情,不像是对神龙有什么意见——不过也说不定。他每天从神龙身上捞这么多钱,个把羊娃的损失算不了什么。哎哟!"我跳起来:"只顾说话,你看太阳都落山了,快走吧,要赶在天黑前走过阎王背。"

过了阎王背,天真的黑了。我们不敢大意,不再说话,急急地赶路。这儿离家还有一个多小时的路程,好在月亮已经露脸了,微弱的月光照着崎岖的小路。快到回龙沟时,我忽然浑身一激灵,立即停步,示意伙伴们噤声。黑蛋低声问:"咋啦咋啦?一惊一乍的,眼看快到家了嘛。"我严厉地瞪他一眼,对他用力挥手,他这才闭上嘴。我竖着耳朵努力倾听着,听不到什么动静。但我的直觉告诉我,那天晚上的"杀气"又出来了。空气变得异样,周围静得瘆人,草虫们都停止了鸣唱。一股淡淡的异臭从树林中飘出来，我用力嗅嗅，没错，还是那天的味道。那只老豹子或什么猛兽肯定藏在前面的树林里。

黑蛋和英子不知道我那晚的经历，但从我的表情上看出事态严重，他们疑虑重重地盯着我的后脑勺，同时也努力倾听树林里的动静。很长时间过去了，树林中没有什么动静，更没有那晚的两点绿光，异臭味儿也慢慢消失了。但我的下意识在坚决地说：刚才不是梦幻，那双"绿眼睛"肯定在树林中窥伺过我们。

黑蛋低声问："到底是什么？"英子也问："你看见什么啦？"我低声向他俩描述了那晚的经过，描绘了那玩意儿的绿眼睛和异臭味儿。我问："你们刚才闻见什么了吗？"黑蛋说没有，什么也没闻见。英子不太肯定地说，她似乎闻到一股怪味，是带着甜味的异臭，令人作呕。我说，对，就是这种味道。

黑蛋不太相信我的话，不耐烦地说："神经过敏了吧。什么杀气，什么异臭，我怎么没有感觉到？算了，别耽误时间，该走了。"

我迟疑地迈出第一步，忽然英子拉住我："龙崽，你看那儿有人！"顺着她的手指看去，在树林阴暗的边缘，的确有两个模糊的身影。肯定是一男一女，因为那个矮个子身后有长发在飘动。看来,这两个人不是本地人,本地的姑娘们没见留披肩发的。两人立在树林边一动不动,莫非他们也听到了树林的动静? 后来两个身影开始向树林中走去。我立即大声喊:"那儿是谁?"那两个身影立即定住了。"不要进树林,林子里可能有猛兽!"

非常奇怪,听了我这话,那两人像是受惊的兔子,嗖地蹿进树林,呼呼啦啦一阵响,他们就消失了。我们 3 个人面面相觑,心中十分惊疑:这两个家伙是什么货色? 为什么怕见人? 看他们鬼鬼祟祟的样子,八成不是好人!

先是"绿眼睛",再是两个神秘人,这两件事在我心中种下深深的不安。此后在回家的路上,我们都沉默着,暗自揣摩着这两件事。我决定等爹回来后,把这两人的事告诉他,让他认真查一下。

赶到村子时,大半个月亮已从山坳里爬上来了,算算明天是阴历六月十四,月光正好,对我们的行动很有利。我们再次重申对大人要保密,省得人多嘴杂,把神龙惊走了——神龙当然是有灵性的嘛。

我们悄悄散去。

(节选自《寻找中国龙》,海天出版社 2004 年版)

阅读点拨

　　《寻找中国龙》为王晋康的科幻小说，故事讲述的是某个地区发现了龙，基因科技使得龙重新出现，而且是仿照我们神话传说中的龙。科幻文学能够让我们从阅读中感受到科学的波澜壮阔和宇宙的美，培养我们的科学精神、科学理想，以及科学的世界观。

曙光中的机器人（节选）

〔美〕艾萨克·阿西莫夫

伊利亚·贝莱站在树荫下，嘴里自言自语地咕哝着："我知道，我在出汗。"

他抬头环顾，一群男女零零落落地散布在旷野上。他们大多是十七八岁的青年，也有几个年龄和他自己相仿的中年人。这些人有的笨拙地在用锄头挖土，有的在干其他活儿。照理这些活儿应该由机器人干的，而且，那些机器人干起来肯定比这些人强。可现在，机器人受命站立一边，袖手旁观，那些男女青年却在坚持不懈地辛苦劳作。这些人每星期出来劳动一次，风雨无阻。参加劳动的人逐渐多起来。市政府虽不鼓励这项活动，但也从不干预，可算是他们施行的仁政吧。

贝莱极目向西眺望，只见地下城众多拱顶伸出地面，栉比鳞次，犹如向上伸展的手指。城内则是五光十色、斑驳陆离的生活。他发现远处有一个小点在夕阳下闪闪发光，并正在向这边移动。那闪光的小点实在太远，一时难以辨认。但从其移动的样子看，贝莱能肯定，那必是机器人无疑。对此贝莱并不感到意外。自从宇宙人控制地球以来，人类已转入地下生活,地面上则是机器人世界。至今只有极少数人涉足地面上的旷野。像他那样梦想开拓宇宙空间并向外星球殖民的人真是寥若晨星。因此,只有他们不多的几个人才上地面活动。

贝莱转身凝望着那些向往星星的人,他们正在锄地。他扫视了一眼人群,打量着每一个人。是的,他熟悉他们,熟悉每一个人。他们正在努力适应地面生活。

突然,他皱了皱眉头,因为他没有看到自己的儿子,就喃喃自语说:"本特利上哪儿去了?"

从他身后传来了气喘吁吁的回答声:"在这儿呢,爸爸。"

贝莱一转身,发现儿子正站在自己身后。本特利欢畅地笑了起来。他的脸蛋儿圆圆的,眼睛炯炯有神。贝莱心里想,儿子多像妻子杰西啊! 贝莱自己却长着一副长长的马脸,表情严肃。在儿子的脸上,他一点也看不到自己的影子。

但本特利却具有他父亲的头脑和思想。他往往严肃有余,使人不禁联想到他的父亲。

"你该回城了,爸爸。"本特利说。

"为什么? 因为我已 45 岁了,而你才 19 岁? 我老了,你却是一个小青年?"

"我想是的,爸爸。当然,你是我们的带头人,是你开创了这个宏伟的计划,但年纪不饶人啊!"

"去你的'年纪'吧！"贝莱说。这时，从城里方向走来的机器人已清晰可见了，但贝莱并不在意。

"你要知道，"贝莱边说边挥挥拳头，"你尽管自以为年轻、聪明，可你有没有离开过地球？那边在旷野里劳动的男女青年，他们有没有离开过地球？没有，一个也没有！而我，只有我离开过地球，那是在两年之前——而且，我活着回来了！"

（节选自《曙光中的机器人》，叶李华译，江苏文艺出版社 2013 年版）

阅读点拨

《曙光中的机器人》这部小说曾荣获雨果奖最佳长篇小说提名奖。小说讲述了地球上的人类社会发展到了若干年后的未来，地球早已人满为患，资源被破坏殆尽，人们不得不躲进钢铁筑就的"蜂穴"中。与此同时，一些勇于探索的地球人前往银河中的其他星球开拓定居，建立了 50 个地球以外的新世界。地球上的 C 七级便衣刑警以利亚·贝莱曾经有机会两次去外世界，从而对地球人向外星球殖民充满了渴望，希望有一天能和儿子一起借助太空族先进的宇宙飞船踏上新的星球，开始银河新生活。

穴居进化史

宝　树

公元前 140 000 000 年

咚！咚！咚！

大地有规律地震颤着，一下又一下，由远而近，由小而大，由轻微而猛烈。

卡卡躲在黑暗中，耳朵贴在洞壁上，警觉地听着来自上面的声音，它知道这意味着什么，一头用两条后腿行走的巨兽正走过它的寓所上方。它依稀能明白，这是巨兽对自己领土的日常巡视，没什么可怕，那小山一样的巨兽对它没有任何兴趣。但大地的震动令它没有逻辑思维能力的大脑也直观地感受到，伟大的森林之王拥有何等的体型和重量。有时候，它周围抖动得如此厉害，尘土扑扑而下，让它害怕自己辛辛苦苦建造的房屋会在巨兽的践踏下整个崩塌，将它活埋在大地深处。

但这恐怖的一幕并没有发生，巨兽的脚步一步步走过它的头顶，慢慢走远了。

卡卡松了一口气，它知道自己暂时安全了，可以上到地面。它迅速穿过自己挖出的复杂隧道，在一丛蕨叶的后面露出毛茸茸的小脑袋和尖鼻子。巨兽刚刚走过，周围一片静谧。卡卡大胆地钻出来，前肢趴在地上，惬意地伸了个懒腰，在清晨的空气中深深嗅着，寻找着食物的气息。

用不着多嗅，它尖锐的眼睛就看到了一块石头上伏着一个褐色的小东西。卡卡顿时兴奋起来，它认出那是一只蜥蜴，肥美而多汁，可以供它饱餐一顿。一早上就碰到这顿美食，真是好运气。

卡卡蹑着步子，向自己的早餐走去，在蜥蜴觉察到之前，猛扑上去，迅速按住了它的尾巴。但蜥蜴立刻反应过来，扭动着身体，挣断了尾巴，窜下石头，在蕨丛下的真菌和苔藓间灵活地穿行着。卡卡快步追在它后面，狩猎的本能让它浑身的血液都要沸腾了。

但蜥蜴及时钻进了一个树洞，很快不见了。卡卡尝试着把头伸进去，但失败了。虽然它自己体型不大，但是那个树洞更小。卡卡沮丧极了。不过片刻之后，它就忘了自己在这里干什么。刚才的记忆已经从它简陋的海马体中被清除，它还嗅得到蜥蜴的味道，但是不记得它躲在哪里，迷惑地四下打转。

一个长长的影子蓦然出现在它背后，卡卡感受到光线的微妙变化，一转身就看到了那家伙，毛发直竖。从今天的角度看,它看上去是一只硕大的"怪鸟",但事实上那不是真正的鸟。它两腿着地,浑身覆盖着羽毛,长着尖牙长喙,但没有翅膀,在鸟的翅膀所在的地方,是一对灵活的前肢,末端是两只尖锐的长爪。卡卡很熟悉这种动物,它知道这是自己的天敌,它的爪子可以轻松地撕裂自己的身体,正如自己撕裂蜥蜴那样。

卡卡扭头没命狂奔了起来,怪鸟大步跟在它背后,尖声鸣叫着,前爪不住向下扑击。卡卡感受到了背后死亡的腥风,它在苏铁树间绕来绕去,绝望地试图甩掉它,但怪鸟不依不饶地跟在它背后。

卡卡设法寻找回家的道路,它知道只有那儿才是它绝对安全的避难所。它有限的大脑不足以理解空间结构,但对这片森林的经验让它本能地寻找着熟悉的场景,一棵树引向另一棵树,一块石头后面是一蓬草丛……近了,更近了……

终于,一个亲切的入口出现在面前,谢天谢地,它挖了不止一个洞口,很快就可以回到家里了!

当卡卡正要钻进洞里时,一只冰冷的爪子无情地按住了它,卡卡竭力尖叫着,挣扎着,但是无济于事,它的背已经被划破,鲜血直流,怪鸟硕大的脑袋和狰狞的长吻朝它俯了下来……

这时候,卡卡看到,在怪鸟背后,出现了另一个更大的黑色头颅，光这个头，就比怪鸟的整个身体还要大。那是森林之王的脑袋。这可怖的巨兽，竟然无声无息地出现在这里，但还不够塞牙缝的卡卡当然不是它的目标。

怪鸟不知怎么，感受到了身后的危险，它终于放开了卡卡，咯咯叫着，惊恐地向前跑去。

巨兽一声大吼，令整个森林颤抖起来，卡卡浑身瘫软，侧倒在地上。它看到巨兽的大足就从它头顶跨过，落在离它还不到一个身体长度的地方，它的长尾摆动着，扫过整个天空，似乎要将整个苏铁树林都扫倒。没几步，巨兽的獠牙就咬住了可怜的怪鸟。一阵徒劳的挣动和哀鸣之后，刚才还威风凛凛的狩猎者便成为奉献给森林之王的牺牲品。

一块鲜血淋漓、热气腾腾的肉从空中掉了下来，落在卡卡身边，还带着几根羽毛，不知道是怪鸟身体的哪个部分。这些碎肉塞满巨兽的牙缝都不够，它对此不屑一顾。卡卡反应过来，敏捷地叼起那块肉，一瘸一拐地跑回了自己的洞穴。

这一次的遭遇让卡卡知道了自己的宿命，它永远只能留在洞穴周围，越少出去越好。外面是巨兽和怪鸟们的天下，而它自己的空间小得可怜。

在黑暗中，卡卡吃饱了肉，觉得安全而又惬意。背上已经渐渐不疼了，早上的恐怖也已被遗忘，它觉得只要能躲在自己的洞穴里，远离那些危险，日子还是很舒心的。它模糊地想起自己小时候,在另一个洞里,在母亲的怀中,吸吮着乳腺中分泌出来的甘甜汁液……那是多么快乐的时光啊。

当天夜里,卡卡做了一个梦,它梦见有朝一日,自己从洞穴里出来,身体越长越大,变成了一种新的"巨兽",它不是四肢着地,而是像巨兽和怪鸟一样用后肢直立行走,成为整个森林的主人,一切都匍匐在它脚下,任它予取予求,并且走得更远更远,征服了地平线以外,那些它既不知道也无法想象的世界……

(节选自《时间狂想故事集》,长江文艺出版社 2017 年版)

阅读点拨

本文中作者用他的天马行空,创造了一个个关于时间的科幻世界,在这些世界中,可以看到世界的重点、宇宙的尽头、人类的发展、宇宙的磅礴。时间跳跃者、末日旅游团、智力提升、感官直播、超时空角斗……各种奇思妙想的故事在他笔下诞生,让读者随之领略时空幻想的酣畅淋漓。此文构思想象宏大深邃,文风气势磅礴,而且善于将饱含细腻情感的古典文艺气息,与充满科幻感的诡谲视觉挑战极其巧妙地揉合起来。

我 思 我 行

理解感悟

◆ 《荒岛着陆》中这些人是因为什么流落到荒岛的？
你认为能让这些人在荒岛上克服重重困难，得以生
存的因素有哪些？

◆ 读了《曙光中的机器人》一文后，你联想到当今人类
关注的一个什么问题？面对这个问题，你觉得人类应
该怎么办？

实践拓展

◆ 如果有一天普通人也能闲庭信步太空，为了吸引更
多的游客到太空旅游，请你设计一个太空旅游项目，
并写出你的设想。

◆ 习近平总书记号召一代又一代中国人，共同为实现
民族复兴的"中国梦"而努力。请以"我的_____
_____梦"为题写一篇作文。

《美丽新世界》（阿道司·赫胥黎　著）

　　《美丽新世界》是英国作家阿道司·赫胥黎创作的长篇小说，故事背景设在福特纪元 632 年（即遥远的未来 2532 年）的人类社会。它是世界性国家，被称之为"文明社会"，之外还有"蛮族保留区"，由一些印第安部落居住。伯纳和列宁娜去保留区游览时遇到了约翰和他的母亲琳达。琳达曾是新世界的居民，来游玩时不慎坠下山崖而留下，并生下了约翰。伯纳出于自己的目的，将琳达母子带回新世界，琳达很快因服用过量的唆麻（一种兴奋剂）而死，约翰对新世界也由崇拜转为厌恶，与新世界激烈冲突后自缢身亡。

出版说明

"推动全民阅读，构建书香社会"已成为当前我国文化发展战略的重要组成部分，对建设社会主义文化强国，增强国家软实力和文化自信，实现中华民族伟大复兴的中国梦具有重要意义。为了落实中央的指示精神，助推全民阅读，满足广大中小学生的阅读需求，我们特组织编写了这套"全民阅读·阶梯文库"。

分级阅读是国际上比较流行的一种阅读理念，比如蓝思分级法、A～Z分级法等，我国古代也有"少不看《水浒》，老不看《三国》"之说。那么，怎样把合适的读物，在适当的时候，用适宜的方式推荐给适合的读者呢？这不仅需要社会责任感、理性公允心、文化担当与服务精神，也需要精准的辨识眼光与深厚的人文素养，因而也一直是我国教育出版界的"老大难"问题。这套"全民阅读·阶梯文库"就是我们对阶梯阅读所做的一个积极尝试。

本文库努力体现全民阅读理念，以培养现代公民综合素养为宗旨，为青少年打下"精神的底子"，系好人生的"第一粒纽扣"。文库按学前段、小学段、初中段和高中段进行编写，以各年龄段读者的心智特点与认知水平为划分依据，旨在体现阶梯阅读层级，激发阅读兴趣，养成阅读习惯，掌握阅读方法，丰富人文底蕴。学前段突出亲子阅读与图画阅读，重在培养好奇心与亲切感；小学段体现以儿童文学为主的综合阅读，重在培养对汉语言文字的亲近感；初中段分传统文化、科普科幻和文学三个分卷，重在培养对传统文化和文学作品的理解欣赏能力，提升科学素养；高中段分传统文化与科普科幻两个分卷，重在培养理解分析能力以及质疑探究能力。

当前，中国特色社会主义已进入新时代。作为教育出版工作者，我们无疑负有新时代文化传承与传播的神圣使命。这套"全民阅读·阶梯文库"在内容选择、精准阐释与价值传播上都做了一些探索，希望通过阶梯阅读的形式，推动全民阅读，倡导经典阅读与有价值的阅读。

本套书选文的作者多数我们已取得联系，部分未能联系上的作者，我们已委托中国文字著作权协会代付稿酬，敬请这些作者通过以下联系方式领取稿酬：

联系电话：010－65978905/06/16/17　转 836

本书编写组